O poder do naming

CIP-BRASIL. CATALOGAÇÃO NA PUBLICAÇÃO
SINDICATO NACIONAL DOS EDITORES DE LIVROS, RJ

P725p

Pinterich, Igor
  O poder do naming : como criar nomes de sucesso para sua empresa, marca ou produto / Igor Pinterich. - 1. ed. - São Paulo : Summus, 2023.
  96 p. : il. ; 21 cm.

  ISBN 978-65-5549-116-6

  1. Negócios. 2. Comunicação visual. 3. Marca de produtos. 4. Logotipo. I. Título.

23-84538   CDD: 744.63
                                                              CDU: 655.245

Gabriela Faray Ferreira Lopes - Bibliotecária - CRB-7/6643

www.summus.com.br

Compre em lugar de fotocopiar.
Cada real que você dá por um livro recompensa seus autores
e os convida a produzir mais sobre o tema;
incentiva seus editores a encomendar, traduzir e publicar
outras obras sobre o assunto;
e paga aos livreiros por estocar e levar até você livros
para a sua informação e o seu entretenimento.
Cada real que você dá pela fotocópia não autorizada de um livro
financia o crime
e ajuda a matar a produção intelectual de seu país.

O poder do naming

COMO CRIAR NOMES DE SUCESSO
PARA SUA EMPRESA, MARCA OU PRODUTO

IGOR PINTERICH

O PODER DO NAMING
Como criar nomes de sucesso para sua empresa, marca ou produto
Copyright © 2023 by Igor Pinterich
Direitos desta edição reservados por Summus Editorial

Editora executiva: **Soraia Bini Cury**
Coordenação editorial: **Janaína Marcoantonio**
Preparação: **Mariana Marcoantonio**
Revisão: **Pablo Moronta**
Capa: **Alberto Mateus**
Projeto gráfico e diagramação: **Crayon Editorial**

Summus Editorial
Departamento editorial
Rua Itapicuru, 613 – 7º andar
05006-000 – São Paulo – SP
Fone: (11) 3872-3322
e-mail: summus@summus.com.br

Atendimento ao consumidor
Summus Editorial
Fone: (11) 3865-9890

Vendas por atacado
Fone: (11) 3873-8638
e-mail: vendas@summus.com.br

Impresso no Brasil

À minha filha Victória.
O nome mais importante da minha vida,
que não fui eu que dei.

Sumário

PREFÁCIO 9

INTRODUÇÃO 11

1. TIPOS DE NOMES. 17
   Descritivos. 18
   Associativos. 20
   Antropônimos. 23
   Topônimos. 27
   Acrônimos. 28
   Transgressores. 31

2. FUNÇÕES DO NOME. 34
   Nome (ou marca) institucional. 35
   Nome (ou marca) comercial. 37
   Nome (ou marca) de produto. 38
   Resumo das funções do nome. 39

3. STRATEGIC NAMING PROCESS. 40
   Uma breve introdução à gestão de marcas. 40
   Metodologia SNP — Strategic Naming Process 45

4. GARANTINDO O SUCESSO DO NOME 74
   A. Elasticidade: nome e arquitetura de marcas .74
   B. Som e imagem: semântica, significado e significante 78

7

C. Longevidade: moda, tendência e moda atemporal 81
D. Rejeição, sentimentos e sensações: avaliação
   dos públicos do ecossistema 83
E. Formalização: registro de marca e domínio...................88
F. Tradução visual: riscos e pontos de atenção..................91

5. O FUTURO DO NOME 93

Prefácio

ESTÓRIAS E SUPERSTIÇÕES CERCAM a tradição de dar nomes a barcos e navios. Reza o dito que tal prática tenha começado com egípcios e prosseguido com gregos e romanos. Com um nome, o objetivo — ou a superstição — era afastar a má sorte, pois agradariam os deuses e teriam, assim, uma boa e segura viagem. Mais à frente no tempo, sem se saber a precisão histórica, encampou-se a superstição de não renomear uma embarcação já devidamente batizada. Fato é que temos como centro a questão do nome.

A tradição marítima e outras mais surgem à mente ao ler *O poder do naming*. O naming é matéria séria e vital, especialmente para o atual mercado, tão urgente, fragmentado, hiperestimulado e competitivo. Como significar algo e permanecer na mente das pessoas fazendo sentido? Sorte, insight, dados, criatividade, estratégia, coragem? Ou um pouco de tudo isso?

De concreto, Igor Pinterich responde aqui, ao tratar o tema com maestria, conhecimento e provocação irresistível. Sem esquecer o impressionante didatismo e a simplicidade de seu texto. Consegue, assim, problematizar e apontar respostas para a complexidade do naming, incluindo sistematizar o processo com metodologia autoral (*spoiler alert #1*). Será, com certeza, um livro valioso tanto para estudantes quanto para profissionais já inseridos no mercado.

Destaca-se, por exemplo, a coleção de casos narrados de modo leve e fácil. Permite ao leitor viajar junto a marcas que conhece, compreendendo mais de suas estratégias e a relação com os respectivos nomes. Isto com a certeza de separar nome, marca e representações geradas dessa confluência (*spoiler alert #2*), o que decerto auxiliará os não iniciados no assunto — e deliciará os já iniciados.

Outro aspecto extremamente contemporâneo e que merece destaque na obra é indicar a relação entre naming e marketing. "Óbvio", alguns poderão pensar ao ler essa observação. Porém, nem tanto. Quantas empresas e executivos desconectam nome, marca, propósito, branding, objetivos e *UX*? Esquecem de links fundamentais para a perenidade de uma marca. O foco — necessário — em metas e táticas cotidianas afasta a imprescindível reflexão sobre o valor e o sentido das marcas no cenário mercadológico já descrito. Portanto, ao recontar esse elo entre marcas e marketing, o autor lembra da essência e do básico, sem os quais a inovação não se sustenta.

Por fim, com a poética associação de marcas a uma tatuagem (*spoiler alert #3*), consegue sinalizar que o perene e o efêmero fazem parte da mesma cadeia que vincula pessoas às suas *lovebrands*. O sentido e o significado da tatuagem estarão presentes, ainda que tenham que passar por mudanças, posto que, se houver necessidade de que algo evolua, será em função, inclusive, das pessoas que se vinculam às marcas e as experienciam.

Cabe, pois, confessar minha alegria em ver materializados neste livro a experiência, a sensibilidade e o didatismo de Igor. Receba o orgulho e o abraço deste seu professor. Sucesso sempre, e que essa seja sua marca.

PAULO ROBERTO FERREIRA DA CUNHA[*]

---

[*] Publicitário, professor e psicanalista. É doutor em Comunicação pela Escola Superior de Propaganda e Marketing (ESPM), de São Paulo, onde hoje é coordenador do curso de Comunicação e Publicidade. Atuou como executivo em empresas de comunicação por 22 anos. É autor dos livros *American way of life — Consumo e estilo de vida no cinema dos anos 1950* (Intermeios, 2017) e *O cinema musical norte-americano — História e estratégias da indústria do entretenimento nos anos 1980* (Annablume, 2012).

Introdução
A importância de pensar o nome

Se você tem uma startup, se já empreendeu um dia, se tem cachorro, filho ou carro (por que não?), deve saber a dificuldade que é dar nome às coisas. Naming é isso aí, sem muito segredo: dar nome às coisas. Por trás de uma aparente simplicidade reside uma das mais difíceis e importantes disciplinas da Comunicação. Você procura alguma palavra que tenha relação com sua ideia de negócio, que seja sonora, que seja fácil de memorizar, que seja simples e, quando acha que tem a solução, mostra aos amigos e… bleh!, todo mundo faz cara feia.

Há alguns anos, fui convidado a dar uma palestra no Cubo, do Itaú, para um grupo de empreendedores da Founder Institute, maior aceleradora de startups do mundo. O tema era naming. Quase recusei o convite. Como eu poderia ajudá-los se eu mesmo acho essa a disciplina mais difícil da Comunicação? Mas fui. Chegando lá, lembrei como é difícil ser empreendedor. Coitados dos empreendedores. Eu sabia da angústia deles porque todo mundo tem muito medo de errar já na primeira etapa de desenvolvimento do negócio. E nome é tipo tatuagem. A gente sabe que, quase sempre, vai ter que conviver o resto da vida com ele e que, também quase sempre, ele é o primeiro contato com o público, o cartão de visitas. Por isso, todo mundo, em especial os empreendedores, que têm uma relação muito íntima com aquilo que dão à luz, investem meses, criatividade, folhas de papel, *post-its* coloridos e cabelos pretos na tentativa do nome perfeito.

Contei para eles sobre uma passagem da minha vida que me ajudou a entender melhor o que é realmente importante ao dar um nome para alguma coisa. O primeiro nome que eu "escolhi" na vida foi o da minha filha. Na época, eu tinha 17 anos. Sim, fui pai super cedo. Não sabia nada de branding, naming, advertising. Sabia só de gaming mesmo e olhe lá. Eu tinha um nome preferido, Isadora. A mãe da minha filha tinha outro, Victória. Enquanto a minha opção era só um nome do qual eu gostava muito, a opção dela era uma homenagem à sua falecida avó. O nome da minha filha é Victória, claro. O significado daquele nome era muito mais importante do que o nome em si. Por sorte nossa, é um belo nome.

Essa experiência pessoal que vivi me abriu os olhos para uma coisa: o significado do nome, as associações que você faz a ele, os sentimentos que ele desperta, as imagens que ele traz à mente são muito mais importantes do que o nome em si. Não me entenda mal, o nome é importante, sim. Mas, no mundo das marcas, ele não é o mais importante. E também não é a primeira coisa a se fazer. Me explico aqui brevemente e, ao longo do livro, muito melhor.

Se o significado de um nome é mais importante do que o nome em si, a primeira coisa a se fazer é projetar as associações que você deseja que sejam feitas ao nome, para, só depois, pensar no nome. Assim, ele pode te ajudar a construir aquilo que você pretende. Em resumo: definir o significado pretendido antes do significante — apesar da aparente inversão que isso possa sugerir. Encarar o nome não só como forma, mas também como conteúdo. Isso é mais do que dar um nome, é pensar a sua marca.

Quando falamos de marcas, estamos falando de mercado. E, quando falamos de mercado, estamos falando de trocas. A troca é a equação do custo-benefício. O benefício, dentro dessa equação, compreende não só o componente físico e funcional do produto, mas também — e principalmente — o intangível e emocional. A imagem que o consumidor tem da sua empresa e o sentimento que carrega em relação a ela é o que o motiva a realizar ou não essa troca. Meu dinheiro pelo seu produto, serviço, experiência, sentimento.

Por isso, nada é mais importante para uma empresa do que seus ativos intangíveis. Nada. Se o consumidor confia no Google, ele pode se tornar também um banco. Se o cliente é apaixonado pela Apple, ela pode se tornar uma linha de vestuário. Muita gente vai comprar, pagar caro e vestir com orgulho. Se a marca te representa, o que ela vende passa a ser secundário. O intangível tem certo descolamento do mundo físico e prático e é muito relacionado ao universo emocional e filosófico.

E sabe por quê? Porque o campo fértil da filosofia é a cultura. A filosofia de marca, ou a marca em si, ocupa um espaço muito parecido com o da religião, o das artes, o da própria filosofia. Rubem Alves, que nunca passou perto da Publicidade, foi quem mais me ensinou sobre branding. Sempre que eu falo isso em público, as pessoas não entendem nada. Em um dos meus livros preferidos, *O que é religião*[1], de Rubem Alves, antes de ensinar o que é religião, o autor nos ensina o que é cultura.

A cultura nasce quando o ser humano se dá conta da fraqueza dos seus instintos. Quando a limitação física escancara a necessidade de mais. Mais sentido, mais significado, mais explicação. O corpo do homem se sustenta, mas sua alma é insaciável. Os símbolos nascem daí. Dessa insaciabilidade. Nascem tanto da necessidade quanto da capacidade do ser humano de dar nome às coisas que não existem no mundo físico. De sua capacidade

---

1. Rubem Alves, *O que é religião?* 14. ed. São Paulo: Brasiliense, 1991.

de criar o intangível. E assim nasceram a cultura, a religião, a filosofia, a arte, as marcas. Por isso, este livro vai te estimular a pensar a sua "filosofia", a sua "cultura". E o nome da sua empresa não pode limitá-la. Quem pensa o significado — a "filosofia" — antes do nome faz muito mais que naming, faz branding, faz gestão de marca. Branding é gestão de significados, não de nomes. A marca ocupa o mesmo espaço da religião, da arte e da filosofia. O nome "Coca-Cola" vale muitos bilhões pelas associações que são feitas a ele; pelo espaço cultural que ocupa no mundo. O nome "Apple", hoje, é mais associado a "inovação" e "tecnologia" do que à "fruta proibida" ou a "vitaminas B1, B2 e B3". "Apple" é hoje mais uma marca, uma ideia, do que uma fruta.

Até quando o seu nome não tem significado algum ele pode te ajudar a construir aquilo que você pretende com a sua marca. Durante o exercício de projeção de significados, pode ser que você descubra que o nome da sua marca precisa ser algo totalmente novo, desprovido de associações, de relações, de significados prévios — ou seja, um nome inexistente, uma palavra totalmente nova. Ótimo, às vezes isso é realmente necessário. Dar-se conta disso já é um bom começo. Caso contrário, você poderia dar um nome que, no fim das contas, não te ajudaria a cumprir essa missão. Com um nome totalmente novo, você vai ter a liberdade de construir os significados do zero e, ao mesmo tempo, vai carregar o ônus dessa tarefa.

Na minha experiência com marcas digitais, aprendi que é preciso fazer um exercício de futurologia para dar nomes. Sim, no mundo digital as possibilidades são tantas e as mudanças, tão rápidas que você não pode dar um nome que restringe demais seu território de atuação. Você acha que "99Taxis" foi um bom nome ou pensaram pequeno demais? E quanto a "iFood"? É muito restrito ou dá conta de todas as oportunidades que estão surgindo nestes últimos anos?

Há dois tipos de decisões nas empresas: as estratégicas e as táticas. Este livro pretende mostrar que a decisão acerca do nome não é tática, mas muito estratégica. Mais do que isso, pretende mostrar que é possível ser, ao mesmo tempo, estratégico e simples. Para garantir um nome adequado, não é necessário investir meses de trabalho e suor, mas é essencial ao menos entender um pouco sobre esse poderoso ativo intangível que toda empresa tem, as funções que ele pode exercer e, sobretudo, o que é preciso fazer para chegar na melhor opção possível. Pode ser que o nome ideal não exista, mas tudo bem, você não precisa do ideal. Este livro mostrará todos os aspectos que você deve considerar para se sentir seguro quando estiver dando um nome, avaliando um nome proposto ou estruturando a arquitetura de marca e produto da sua empresa.

No fim das contas, apesar de não ser um livro completo sobre branding, você vai notar que falamos e aprendemos sobre muito mais do que naming. Vamos falar de ecossistema e de arquitetura de marca e produto e explorar como o nome pode auxiliar a construção de um portfólio coeso. Vamos compreender juntos os conceitos de essência de marca e posicionamento e a relação do nome com sua construção. Também vamos entender as diferenças no processo de denominação de empresas e produtos. E, claro, iremos aprender uma metodologia prática, que cria condições para que você possa chegar ao melhor nome possível.

Como vamos fazer isso?

Antes de tudo, vamos falar dos tipos de nomes existentes. Sim, há vários tipos de nomes, que nada mais são do que uma categorização, uma organização técnica dos diversos nomes que existem por aí. O mais importante do primeiro capítulo é construir repertório.

Depois, vamos falar das funções que um nome pode ter dentro de uma empresa. Um nome pode ter diversos papéis, e isso pode alterar significativamente tanto o tipo de nome quanto o nome em si.

Com o conhecimento dos dois primeiros capítulos, vamos entrar na parte mais importante do livro: a criação do nome com a metodologia SNP — Strategic Naming Process. Aqui, vamos de fato aprender a cumprir todas as etapas necessárias para que você, decisor do nome, sinta segurança para escolher a melhor opção possível.

Por fim, no quarto capítulo, vamos percorrer todos os temas que demandam atenção para que você garanta o sucesso do seu nome, passando por uma breve noção do que é arquitetura de marca, avaliação de semântica, diferença entre moda, tendência e atemporalidade, uma estudada no que é ecossistema de marca, validação de questões legais e (ufa!) identidade visual.

Espero que sua leitura seja prazerosa e que você aprenda. Aprender é a coisa mais gostosa e nobre dessa vida. Aprendi muito escrevendo este livro e desejo que você aprenda ainda mais.

Estou à disposição para esclarecer dúvidas, receber críticas ou relatos de como a metodologia funcionou no seu caso.

Boa leitura!

1. Tipos de nomes
Seus significados e exemplos

NA MAIORIA DAS VEZES, o tipo de um nome já diz muito sobre ele. Isso ocorre porque alguns tipos são mais adequados para negócios de determinada natureza ou simplesmente porque, ao longo dos anos, empresas bem-sucedidas de determinados setores acabaram influenciando novas empresas daquele mesmo setor, criando um padrão. Por isso, apesar de o tipo do nome não ser o mais importante, você vai perceber que alguns deles já contam algo sobre o que a empresa faz, em que setor atua ou para que público é direcionada.

No entanto, não há regras nesse assunto. O seu nome não precisa ser de nenhum tipo específico, independente do seu ramo de atuação. Compreender os tipos de nomes e refletir sobre eles pode tanto criar condições para que você compare sua empresa a outras similares quanto contribuir para o processo criativo do nome. É importante que você tenha referências. Este capítulo nada mais é do que um compilado de tipos de nomes e exemplos. Um desses tipos pode ser o seu. Não se precipite, leia até o final com atenção e depois compreenda nossa metodologia. Somar o repertório deste capítulo ao aprendizado da metodologia vai ser fundamental para que você chegue ao melhor nome possível. E não se engane, se você acha que seu nome precisa ser algo totalmente novo, fora da caixa, tudo bem, ainda assim existe um tipo de nome para isso e alguns bons exemplos.

Tudo pronto? Então, vamos lá.

DESCRITIVOS

Muitas vezes os mais indicados para produtos, os nomes descritivos fazem isso mesmo: descrevem o que a marca ou produto faz. O foco aqui é ser didático, permitir uma interpretação literal (ou quase), rápida, automática. O nome descritivo pode ser um ótimo aliado para quem não tem tempo ou recursos para dar explicações. Ou então para marcas que são destinadas a um público mais profissional, técnico, racional, típico de relações B2B (business-to-business). Também é, muitas vezes, o tipo recomendado para soluções de tecnologia, que precisam explicar exatamente a função de um software, de um sistema, de uma plataforma, de um aplicativo etc.
 Vamos a alguns exemplos, que sempre nos ajudam na compreensão dos conceitos.

TELEFÓNICA
Uma das maiores companhias de telecomunicações do mundo, com mais de 150 milhões de clientes. É dona de diversas marcas, que foi adquirindo ao longo de sua história, como a Movistar, a O2 e, no Brasil, a Vivo. Repare que, como foram aquisições feitas ao longo do tempo, não há nenhum padrão de nomenclatura entre elas. Você verá que esse é um dos principais desafios de arquitetura de marca das empresas.
 A empresa foi criada há quase 100 anos, em Madri, com o nome original "Compañía Telefónica Nacional de España". Em janeiro de 1999, a empresa passou a se chamar "Telefónica", nome que perdura até hoje. Reparem que o nome entrega exatamente o que a empresa faz: telefonia. Só de ouvi-lo, você já consegue

imaginar quais podem ser seus produtos, qual a missão da empresa, sem depender sequer de um slogan que o explique.

99TAXIS

Gosto deste exemplo porque ele nos apresenta tanto um caso de fracasso quanto um caso de mudança bem-sucedida, pelo menos na minha avaliação técnica. Quando a *gig economy* começou a decolar e o trabalho autônomo se tornou uma possibilidade clara de complemento de renda para milhões de pessoas, o termo "táxis" passou a denominar inadequadamente a nova categoria de oferta que estava florescendo.

Neste caso, o nome descritivo — que também poderia ser visto por alguns como associativo — foi uma escolha ruim, porque acabou limitando o campo de associações da marca, reduzindo, como consequência, seu potencial de expansão e/ou possibilidade de evolução do modelo de negócio. No final de 2015, a 99Taxis mudou seu nome para "99". O numeral "99" em si não significa muita coisa, mas as associações que essa marca carregou de sua antecessora ajudaram a garantir uma transição bem-sucedida.

Será que um nome de outro tipo teria evitado que a empresa precisasse fazer uma troca no meio do caminho?

GOOGLE ADS

A maioria dos exemplos de nomes descritivos são de produtos. O Google Ads permite que o usuário gerencie contas de anúncios, páginas, formas de pagamento, tudo em um só lugar. Como o produto já está inserido no "contexto Google", boa parte das explicações já foram dadas. Basta explicar o que o produto é, o que faz, para que serve. Por isso, a tendência é que diversos produtos de tecnologia, "filhos" de marcas conhecidas, tenham nomes descritivos. A vantagem de um nome desse tipo é que ele não requer grande investimento para explicar do que se trata; o usuário bate o olho e entende.

ASSOCIATIVOS

Os nomes associativos são aqueles que não descrevem exatamente o que a marca faz, mas sugerem de alguma forma, associando-a a algum termo relacionado. Essa categoria é uma das mais usadas, e podemos encontrar exemplos em todos os setores, países e produtos. Geralmente, os nomes associativos são mais amplos do que os descritivos porque, apesar de também delimitarem um campo de atuação, são menos específicos. Particularmente, considero esse um tipo de nome seguro e fácil de criar tanto para empresas quanto para produtos.

iFOOD

Apesar de ser escrito na língua inglesa, o iFood se aproveitou de termos já conhecidos pelo grande público, no Brasil ou fora dele, para associar ao que a empresa faz. A palavra "food" é comum, uma das palavras mais básicas da língua, conhecida inclusive entre aqueles que não falam inglês. O "i" (que tem som de "ai") é uma referência ao mundo digital e à tecnologia, empréstimo (para ser legal com eles) da Apple, empresa conhecida no mundo todo por seus produtos altamente tecnológicos e inovadores e que tem boa parte do seu portfólio com a inicial "i". Portanto, a junção que fez surgir o "iFood" é uma palavra que automaticamente associa comida a tecnologia. E não é isso que o iFood faz, afinal de contas? Até agora, sim. Mas as páginas dessa história estão sendo viradas.

Dias atrás, uma amiga, que se tornou mãe recentemente, reclamava da quantidade de fraldas descartáveis que eram consumidas para atender as necessidades de um bebê. E o quanto é chato e demorado fazer compras no mercado. Comentei que ela poderia pedir via iFood. E eu só me lembrei disso porque trabalhei lá por quase quatro anos. A reação dela foi: "Oi? O iFood não é delivery de comida?" Pois é. Pode ser que um nome mais específico, principalmente em função do termo "food", tenha servido no início para acelerar o processo de entendimento do que a empresa fazia. De qualquer forma, tenho certeza que isso é um dilema dentro da empresa hoje. Devem criar uma nova marca para entregar fraldas e outros itens de mercado? E quanto à farmácia? E produtos para pet? Teria sido melhor dar um nome mais amplo desde o começo? Quanto custaria construir uma nova marca agora ou mudar a marca original para outra qualquer? Pretendo responder algumas dessas perguntas ao longo do livro.

NATURA

A Natura é um case de marca clássico e interessante. É uma empresa movida pelo seu propósito, e isso fica claro em tudo o que fazem. Seu nome, de certa forma, já entrega esse propósito. "Natura" remete a "natureza, natural, sustentável, responsável". Um ótimo nome para uma empresa que não pratica testes em animais, que tem enorme cuidado com a origem da matéria-prima, que tem produtos feitos com fórmulas naturais cujos ingredientes são seguros, que tem compromisso com a emissão de carbono de suas fábricas e que utiliza embalagens ecológicas. Essa descrição, mais detalhada, está intimamente relacionada ao nome, é quase como se eu não precisasse tê-la feito. Essa *essência* da Natura nunca vai deixar de existir, porque, se um dia deixar, seu nome perderá todo o sentido. Ou seja, a essência, neste caso, veio antes do nome.

WAZE

Particularmente, acho esse nome muito bom. A palavra "Waze" em si não significa nada, mas seu som é praticamente o mesmo de outra palavra inglesa que diz muito: "ways", que significa caminhos. Portanto, é um nome que inova na grafia, promovendo originalidade; ao mesmo, remete àquilo que faz, que é encontrar os melhores caminhos. Além de cumprir essa função, ele é curto e fácil de falar em qualquer lugar do mundo. O nome "Waze" é associativo, porque remete ao que entrega para o usuário.

> **CURIOSIDADE SOBRE OS NOMES ASSOCIATIVOS**
> Nos últimos anos, tem acontecido um fenômeno interessante com nomes de empresas, especificamente no mundo digital e da tecnologia. De tempos em tempos, surgem algumas marcas que adquirem um significado especial e acabam influenciando todas as outras em seu segmento. No passado, várias marcas que viraram sinônimo de categoria acabavam "nomeando", sem querer, produtos concorrentes: "gilete da BIC", "danone da Nestlé", "bombril da Assolan". Isso ainda acontece, claro. Mas, hoje, há casos em que palavras, prefixos, sufixos ou até letras ganham significado a partir de uma marca específica e, depois, este é reforçado pelas marcas "seguidoras" daquele tipo de nome, dentro e fora do segmento, o que é um fato novo e interessante. Com os exemplos, vai ficar mais fácil de entender. Em 1997, a Apple lançou o primeiro iMac. Dez anos depois, no meio de 2007, lançou o primeiro iPhone. Três anos depois, foi o lançamento do iPad. Essa simples letra "i", que em inglês tem som de "ai", se transformou em sinônimo de tecnologia e inovação por causa da Apple e de seus produtos. Observe o poder que uma letra pode ter, em virtude do significado que adquire. Surgiu uma série de outras empresas, marcas e produtos utilizando-se dessa mesma lógica para criar a primeira associação com suas marcas. As cópias chinesas, versões genéricas chamadas "Hiphones", tentavam adquirir as mesmas associações da marca original copiando o nome. "iFood", apresentado como exemplo neste capítulo, se utiliza dessa mesma lógica, mas em outro segmento. Trata-se de uma empresa de inovação e tecnologia, sim, mas do segmento de food delivery.

▸

> Outro bom exemplo desse fenômeno surgiu com o Spotify, em 2008. Daniel Ek já admitiu publicamente que o nome surgiu por acaso, numa discussão com seu sócio, Martin Lorentzon.[2] Mais tarde, Daniel acabou criando uma outra versão para o surgimento do nome, que seria a junção das palavras "spot" e "identify". Independente da versão, o nome ganhou tanta força que acabou tendo seu sufixo replicado no mundo digital por diversas outras marcas. Neste caso, o sufixo ajudou bastante, porque "ify" no final das palavras em inglês sugere "transformação". A "Cabify", que surgiu três anos depois, tem uma estrutura de nome muito parecida. Seu fundador explicou justamente que a palavra seria a junção de "cab" ("táxi", em inglês) com "ify".[3] Várias empresas adotaram essa lógica em seus nomes: Vendify, Ampfy, Memefy, Homify etc.

ANTROPÔNIMOS

Os antropônimos são muito fáceis de explicar. "Antropo", do grego "anthropos", significa "homem". É, portanto, um "nome de homem", em geral o criador da marca. Muito usado na moda, em especial em marcas de luxo, esse tipo de nome depende de uma personalidade ou celebridade muito forte, que seja reconhecida por seu talento natural ou por sua estatura e influência em determinado segmento. Os antropônimos servem para personalizar a marca e associar a ela os valores do indivíduo "homenageado". Por vezes, são marcas criadas post mortem, para explorar um legado. Esse tipo funciona particularmente bem em alguns setores, como moda, perfumaria, joalherias etc. e simplesmente não

---

2. Daniel Ek, em resposta à pergunta "How did Spotify get its name?". *Quora*. Disponível em: <https://www.quora.com/How-did-Spotify-get-its-name>. Acesso em: 13 jun. 2023.
3. Juan de Antonio Cabify. *Executives.Technology*. Disponível em: <https://executives.technology/juan-de-antonio/>. Acesso em: 13 jun. 2023.

serve para outros. Os exemplos devem nos ajudar a entender isso um pouco melhor.

WALT DISNEY

Uma das marcas mais conhecidas do mundo, "Walt Disney" nada mais é do que o nome de um de seus fundadores, o principal deles. A Disney foi fundada originalmente em 16 de outubro de 1923 pelos irmãos Walt e Roy O. Disney como "Disney Brothers Cartoon Studio". Mais tarde, também funcionou com os nomes "The Walt Disney Studio" e "Walt Disney Productions", antes de mudar oficialmente para "The Walt Disney Company", em 1986. Repare como o nome foi evoluindo para se adequar às novas especialidades da empresa. Antes de tudo, a Disney se estabeleceu como líder na indústria de animação para, depois, se diversificar para a produção de filmes de ação, conteúdo televisivo e parques temáticos. Nos anos 1980, eles decidiram parar de tentar descobrir o que a empresa faria na próxima década e apenas deram um nome que pudesse abarcar qualquer coisa. Claro, o nome "Walt Disney", a essa altura, já possuía associações e força suficientes para que ninguém precisasse explicar.

Não é possível prever o futuro. Já imaginar cenários e tentar prever o que pode acontecer não só é possível como necessário. Note que a empresa Walt Disney poderia nunca ter mudado de nome caso tivesse pensado em uma área de atuação ampliada desde sua fundação. Não sabemos se havia condições disso naquela época, o que eu quero aqui é que você faça a reflexão considerando a sua empresa.

LACOSTE

A Lacoste é uma empresa francesa, fundada em 1933 por René Lacoste e André Gillier, um colega que não foi homenageado. A marca de luxo tem um dos ícones mais conhecidos do mundo da moda: o crocodilo. Lacoste, tenista profissional, foi apelidado "crocodilo" por um jornalista esportivo, lá nos anos 1920.

Eu poderia dedicar um livro inteiro aos exemplos de antropônimos em marcas de luxo: Hugo Boss, Yves Saint Laurent, Calvin Klein, Salvatore Ferragamo, Porsche, Ferrari, Gucci, Dior, Prada, Fendi, Louis Vuitton, Balenciaga, Hermès, Burberry, Givenchy, Cartier, Lamborghini, Maserati e muitos outros. O importante não é conhecer todos os exemplos, mas o que há em comum entre eles.

Esses nomes representam personagens que são referências de sua época e simbolizam um estilo de vida ou excelência em alguma área. De certa forma, representam também "o melhor que existe no mundo". Por exemplo, quem não conhece a qualidade do *design* italiano? Nomes italianos tanto emprestam para si essa qualidade (em forma de associações que são feitas) quanto contribuem para o fortalecimento dessa percepção, num ciclo virtuoso que só acrescenta valor.

INSTITUTO AYRTON SENNA
Nem só de luxo vivem os antropônimos. Os grandes ídolos sempre, ou quase sempre, viram marcas. O Instituto Ayrton Senna mantém vivos o nome e a história de um dos maiores ícones do esporte nacional — senão o maior — com iniciativas que foram pensadas com base nos desejos do piloto em vida.

Ele queria um país em que todos pudessem sonhar. Dois meses antes do acidente em Ímola, na Itália, o piloto compartilhou com a irmã a vontade de fazer algo grande pelo futuro dos brasileiros, em especial as crianças e os jovens. Junto da irmã, concebeu a ideia, mas não teve tempo de participar de sua implementação. Em 1994, nasceu o Instituto Ayrton Senna, para dar a crianças e jovens brasileiros oportunidades de desenvolver seus potenciais por meio de uma educação de qualidade.

O que o nome empresta ao instituto? O sonho. Ayrton Senna era, antes de tudo, um sonhador. Isso resume de forma poética e verdadeira o que o instituto faria nos anos posteriores à sua morte.

ANTROPÔNIMOS DESCRITIVOS

Quero acrescentar aqui, sucintamente, um tipo de nome bem particular, em homenagem à criatividade interiorana brasileira, que inova todo dia e ninguém vê. Os antropônimos descritivos são uma junção dos dois tipos de nome. Parece complicado, mas com um simples exemplo você já entende: Bar do Zé. "Bar" explica o que faz, "Zé" é o personagem por trás do bar, que todos conhecem e acrescenta valor à marca. Não é um bar qualquer, é o Bar do Zé. Esse exemplo, ao mesmo tempo hipotético e real, é apenas um dos milhares de antropônimos descritivos que encontramos pelas cidadezinhas do interior.

Um único exemplo real, com carinho e saudades:

Bar do Binhaça

O Bar do Binhaça fica em Piraju (SP), minha cidade natal e de coração. Todo mundo sabe quem é o Binhaça. Da manhã até a madrugada, ele está lá, a postos, mal-humorado, esperando os beberrões irem para casa para poder fechar a "lojinha". Assim como o Bar do Binhaça, temos um monte de exemplos espalhados por aí: Padaria da Ana, Farmácia do João, Postinho do Pedrão, Maria Boleira, Bar do Alemão (este, mais famoso, cujo fundador era de fato alemão), todos bem pensados para fazer sentido em determinada realidade. Se você é do interior, sabe que nas cidades menores todo mundo se conhece e sabe quão importante é conhecer os donos dos lugares. Transmite confiança e proximidade.

TOPÔNIMOS

Assim como os antropônimos, os topônimos são nomes que já existem, mas, em vez de pessoas, são de lugares. Podem ser países, cidades, bairros, ruas, montanhas, rios e outras referências geográficas. A lógica é basicamente a mesma dos antropônimos, uma vez que esses nomes emprestam associações dos lugares de onde vieram ou de lugares que tenham alguma relação com sua história. Em geral, esse tipo de nome atribui algum nível de status e sofisticação ou simplesmente remete a produtos de alta qualidade. Se essa é a necessidade da sua empresa, preste bastante atenção nos exemplos.

FERRARI 360 MODENA

No mundo automobilístico, é muito comum encontrar topônimos. "Modena" é o nome de uma cidade italiana muito tradicional, que empresta seus valores italianos, seu charme, requinte e, claro, o valor do *design* para a marca Ferrari. Como se a Ferrari precisasse emprestar alguma coisa de alguém. De qualquer forma, temos vários exemplos dessa marca: Maranello, Portofino, Fiorano etc.

Diversas marcas desse setor utilizam esse tipo de nome: Dakota, a picape da Dodge que homenageia o estado norte-americano; Santa Fe, SUV da Hyundai que tem o nome da cidade do Novo México; Tucson, outro SUV da Hyundai com nome de cidade norte-americana, agora do Arizona; Siena, o sedã da Fiat que homenageia a cidade histórica na Itália onde se realiza o Palio, uma competição de cavalos. E por aí vai.

AREZZO

Ah, os nomes italianos. Sejam de pessoas ou de lugares, os nomes italianos sempre soam bem. Foi assim que pensou a família Birman na hora de escolher o nome de sua marca. Arezzo é uma cidade italiana da Toscana, mas a empresa é bem brasileira. A ideia dos fundadores era ligar a produção de calçados brasileira, que nos anos 1970 sofria grande influência da moda europeia, à moda italiana. Nada melhor do que dar um nome italiano, que soasse como algo vindo de fora, da terra do *design* e da elegância.

KOPENHAGEN

Este exemplo é um dos raros. Kopenhagen é tanto um antropônimo quanto um topônimo. Chocante, mas real. Anna e David Kopenhagen, um casal de imigrantes procedentes da Letônia, fundaram a empresa em 1920, logo após chegarem ao Brasil, e deram a ela o seu sobrenome. Por ironia do destino, Copenhague (ou Copenhagen, em inglês) é a capital da Dinamarca, um dos países reconhecidos pela qualidade dos seus chocolates. Ainda que Anna e David fossem da família Silva, eles poderiam ter chamado sua marca de Kopenhagen, faria sentido mesmo assim.

ACRÔNIMOS

Um acrônimo é uma palavra formada pela junção de letras ou sílabas iniciais de um grupo de palavras, que se pronuncia como uma palavra só, respeitando a estrutura silábica da língua. Ou seja, de um jeito que a gente entende: uma sigla. Pode ser a redução de um nome que já foi descritivo ou associativo no passado; pode ser um nome de pessoa ou de lugar, abreviado; e pode ser outra coisa também. Em certa medida, os acrônimos transmitem seriedade, segurança, boa reputação, profissionalismo. Vale pontuar que, muitas vezes, o acrônimo acaba escondendo o sentido original das palavras, o que pode ser bom à medida que elas vão se tornando obsoletas ou apenas inadequadas (veremos isso mais à frente). Vamos aos exemplos.

IBM

"International Business Machines" [Máquinas de Negócios Internacionais] é o que quer dizer IBM. Mas nem sempre foi assim. Esse é mais um caso de mudança de nome, mas logo no início da operação. De 1911, ano em que foi fundada, até 1924, a empresa tinha o nome "Computing-Tabulating-Recording Company" [Empresa de Computação-Tabulação-Gravação]. Foram necessários 13 anos para que percebessem que aquele nome era pequeno demais para as ambições da empresa.

O acrônimo, de certa forma, escondeu o significado original das palavras que lhe deram origem, justamente por abreviá-las. O nome atual da empresa, "International Business Machines", não está, de modo geral, muito relacionado à nossa época. Até agora, não precisou ser revisto, porque "IBM" (o acrônimo) é aceito por todos que já a conhecem. IBM, de certa forma, ganhou um novo significado, que independe do nome que abrevia.

Esse tipo de nome é especialmente comum em empresas de tecnologia. "HP" é um acrônimo de "Hewlett-Packard", sobrenomes dos fundadores da empresa. O nome "Intel", da fabricante de processadores, é resultado da contração das iniciais de "Integrated Electronics", escolhido depois de uma batalha jurídica com uma rede hoteleira que era detentora dos direitos de utilização. Sua principal concorrente também usa uma sigla: "AMD" é o acrônimo de "Advanced Micro Devices". O nome conhecido da Antivirus Guard, empresa que produz uma série de produtos de segurança da informação, é uma abreviação: "AVG".

3M

"3M" é um acrônimo de "Minnesota Mining and Manufacturing Company" [Empresa de Mineração e Manufatura de Minnesota], que era o nome original antes de o acrônimo o substituir em 2002, no centésimo aniversário da empresa. Hoje, a empresa não é exatamente "mineração" nem exatamente "manufatura". No meu campo de associações, a 3M é a empresa que nos salvou a vida com a criação do Post-it, o papel com cola que não cola direito. O fato é que os executivos da empresa perceberam que "3M", a forma reduzida, seria muito mais adequada para representar uma empresa que faz muitas coisas diferentes. O nome remete à sua origem, mas não especifica demais o que é feito. O campo potencial de associações da 3M foi significativamente aumentado com a mudança para o acrônimo. Outras muitas empresas de bens de consumo utilizam esse tipo de nome. A P&G, hoje chamada dessa forma, é uma redução de "Procter & Gamble", sobrenomes dos fundadores da empresa. A C&A também. A sigla é resultado da união das iniciais dos nomes dos fundadores da rede, os irmãos Clemens e August. O nome da sul-coreana LG significa "Lucky Goldstar". Antes da mudança de nome, os produtos de linha branca da marca eram vendidos sob o nome "Lucky", enquanto os produtos eletrônicos eram vendidos sob o nome "Goldstar".

BMW

No início, em 1916, o nome da poderosa marca alemã de veículos esportivos era "Bayerische Flugzeugwerke" [Fábrica de Aviões da Baviera]. Isso porque ela era, de fato, uma fabricante de motores de aviação. Só em 1922 a empresa foi renomeada para "Bayerische Motoren Werke" (BMW), ou Fábrica de Motores da Baviera. Mais um caso de nome que precisou ser revisto devido a mudança de foco ou ampliação de sua atuação. Foram só seis anos para que a modificação de nome fosse necessária. Em caso de mudança de nome, quanto antes, melhor. Com relação ao tipo de nome, a BMW é uma exceção no setor automobilístico. A maioria dos nomes de marcas nessa área são topônimos ou antropônimos.

CNN

Eu não poderia deixar de fora dos exemplos desse tipo de nome um setor que o utiliza amplamente: o de redes de notícias e entretenimento. CNN, canal televisivo de informação recém-chegado ao Brasil, é a sigla para "Cable News Network" [Rede de Notícias a Cabo]. Os exemplos desse setor no Brasil e no mundo são muitos: SBT é "Sistema Brasileiro de Televisão"; ABC, "American Broadcasting Company" [Emissora Americana] é uma das maiores emissoras do mundo. Com praticamente a mesma ideia, a National Broadcasting Company tem como nome a sigla NBC. Nessa mesma linha, temos múltiplos exemplos pelo mundo: BBC, CBS, ESPN, PBS, NPR etc.

TRANSGRESSORES

Os nomes transgressores são aqueles que não se encaixam em nenhuma categoria. Como o próprio nome diz, são transgressores porque transgridem, vão além, atravessam as regras conhecidas. Em geral, são nomes que não existem ou não têm nenhuma relação com a empresa.

Como tudo na vida, esse tipo de nome carrega um ônus e um bônus. O ônus é que, por não existir ou não ter relação com o que a empresa faz, em geral depende de muito investimento e algum tempo para que seja conhecido, compreendido e, mais importante, associado aos atributos necessários para que se tenha uma percepção positiva dele.

O bônus é o lado oposto dessa mesma moeda. Como não carrega associações prévias, esse tipo de nome oferece total liberdade de construir tudo do zero. O nome transgressor é uma página em branco, que pode ser desenhada conforme a vontade do empreendedor.

Há um motivo para se ter um nome transgressor. O fato de sua empresa ter um nome totalmente desconhecido ou até maluco, bizarro, de certa forma já comunica algo sobre ela. Empresas que vivem da inovação, disrupção ou contestação do sistema vigente podem se dar bem usando um nome desse tipo. Empresas que dão vida ao arquétipo do rebelde (pesquise sobre arquétipos de marca), por exemplo, podem precisar de um nome fora da caixa.

APPLE

A Apple, segunda marca mais valiosa do mundo[4] no momento em que escrevo este livro, tem um nome que não tem significado em si no mundo da tecnologia. As vitaminas B1, B2 e B3 não têm grande utilidade nesse setor. O mais fascinante deste exemplo é a diversidade de histórias que contam a origem do nome. Nem eu nem ninguém é capaz de assegurar qual delas é a verdadeira — se é que existe uma —, mas vale listar aqui todas que eu encontrei para que você se divirta e faça suas apostas, ainda que Jobs não possa mais nos dar a resposta certa.

A primeira teoria diz que o nome foi escolhido porque Steve Jobs gostava da banda Beatles, que gravava na Apple Records.

A segunda, que consta da biografia autorizada de Jobs, escrita por Walter Isaacson[5] — e, por isso, me parece a mais confiável —, diz que o nome surgiu na sequência de uma visita de Jobs a um pomar. O fundador da Apple pretendia começar (mais) uma dieta à base de frutas e gostou do nome "Apple", por ser "divertido, espirituoso e não intimidante".

A terceira diz que foi em função de a palavra "Apple" começar com a letra "A", o que faria que ela ficasse posicionada à frente da maioria das marcas concorrentes em uma lista em ordem alfabética.

---

4. Brand Finance Global 500 2023. Disponível em: <https://brandirectory.com/rankings/global/>. Acesso em: 14 jun. 2023.
5. Walter Isaacson, *Steve Jobs*. Tradução de Denise Bottmann. São Paulo: Companhia das Letras, 2011.

A quarta diz que Apple é uma alusão à cena da descoberta da lei da gravidade, quando a maçã caiu na cabeça de Isaac Newton.

A quinta diz que foi porque as frutas passam uma imagem de vida saudável. Com a escolha da maçã, Jobs e Wozniak queriam dizer às pessoas que a utilização de computadores é algo que não prejudica a saúde.

Por fim, a sexta — que, se fosse a verdadeira, faria muito sentido pra mim: como o ser humano tem a tendência de memorizar associações e eventos inusitados, criar uma marca de tecnologia chamada "Apple", sem significado evidente para o setor, faria que isso ficasse gravado na mente das pessoas. Seria, portanto, "apenas" um nome inusitado.

2. Funções do nome
E como suas diferenças impactam o nome em si

É MUITO IMPORTANTE QUE, antes de partir para a criação do nome, a gente separe muito bem os níveis de hierarquia de nomes e marcas. A depender do objeto a ser nomeado, o tipo de nome e o nome em si podem variar tremendamente. Repare como em alguns segmentos o nome (ou a marca) é usado tanto com uma função institucional (internamente e para a imprensa, por exemplo) quanto com uma função comercial (para venda), nas marcas e produtos da empresa. Já em outros ramos, o nome institucional é um, o nome comercial é outro e os produtos têm ainda outros nomes, podendo haver relação ou não entre todos esses níveis.

No capítulo 5, vamos aprofundar um pouquinho mais, entrando no campo de arquitetura de marca, que é onde essas relações se estabelecem de forma concreta. Porém, lá o objetivo é mais validar o nome escolhido — uma vez que já teremos passado pelas etapas da metodologia — do que definir as bases da sua criação. Para fins de processo criativo, basta que você tenha consciência da função que esse nome vai exercer. E isso é o que vamos aprender aqui.

NOME (OU MARCA) INSTITUCIONAL

A marca institucional nada mais é do que o nome que representa a empresa enquanto instituição, ou seja, é o nome que aparece no crachá dos funcionários, nos balanços mensais para os acionistas e nas notícias da imprensa. Ele é, necessariamente, um nome único direcionado para todos os públicos. Esse nome não é estampado nos produtos da empresa. No máximo, aparece na parte de trás dos rótulos ou de forma secundária onde estiver aplicado, mais como um endosso institucional. É o caso da Unilever. Você não compra um xampu Unilever, mas um produto de uma das marcas comerciais que ela possui.

Há alguns anos, eu vivenciei uma situação profissional interessante que pode nos ajudar a compreender o que é marca institucional e qual o seu papel. À época, a Vivo era a marca preferida no setor de telecomunicações, à frente da TIM, da Claro e da Oi, suas principais concorrentes. As pesquisas de marca apresentavam sempre indicadores muito positivos, que — a nós, da área de branding, da qual eu fazia parte — nos enchiam de orgulho e nos davam a certeza de estar no caminho certo de construção de marca. A Telefónica era uma gigante global, com ótima reputação no mundo todo, mas imagem desgastada no Brasil. Em 2012, a empresa espanhola decidiu comprar as ações da Portugal Telecom, também acionista da Vivo até então, tornando-se acionista majoritária da Vivo.

Quem já viveu um processo de aquisição ou fusão conhece o drama. Mas, enquanto os funcionários de todas as demais áreas da empresa estavam aflitos para saber se perderiam o emprego, nós, da área de branding, estávamos aflitos para saber se perderíamos a marca (o nome "Vivo"). Ambas as empresas possuíam produtos e serviços sob a marca-mãe, mas a Vivo era uma marca muito mais admirada e com muito mais valor comercial do que a Telefónica. Depois de muita discussão e investimento em consultorias, chegaram à conclusão de que a Telefónica passaria a ser a marca institucional e a Vivo seria a marca comercial, o nome guarda-chuva para todos os produtos e serviços, inclusive para aqueles que antes eram estampados com a marca comercial Telefónica — basicamente, os serviços de TV e internet fixa banda larga. Eu já achava na época e continuo achando que foi a decisão acertada. Obviamente, a marca institucional não poderia ser outra. A Telefónica tem operação e reputação no mundo todo sob a mesma marca institucional, o que gera enorme sinergia entre todos os países em que atua e, inclusive, facilita a entrada em novos países. Obviamente, no Brasil não poderia ser diferente. Em outro nível, optar pela marca Vivo como o nome comercial foi também a decisão mais segura, justamente porque ela carregava uma série de atributos positivos, construídos com muitas horas de campanhas de televisão, eventos, patrocínios e muito — muito mesmo — investimento. Além disso, os produtos Telefónica lograram um upgrade, uma vez que passaram a ter um rótulo que valia mais.

Aqui, portanto, temos um exemplo que nos permite dar enorme clareza para o conceito de marca institucional e sua função. O objetivo da marca institucional, diferentemente da marca comercial, é sempre ampliar sua reputação, porque sua imagem é de extrema relevância para que suas relações (institucionais) sejam positivas e contribuam para a construção do negócio como um todo. Repare que a função desse nível de marca tem pouca ou nenhuma relação com vendas.

Veja o caso em questão: os funcionários que eram da Vivo passaram a usar crachá da Telefónica. A relação com o empregador mudou. Agora, eles eram funcionários de uma multinacional espanhola e seguiriam o modelo de trabalho dela. Muitos dos fornecedores mudaram. Contratos globais passaram a vigorar também no Brasil, substituindo empresas de pesquisa, publicidade, consultoria, tecnologia etc. Já a marca comercial tem uma função diferente. E é isso que veremos a seguir.

NOME (OU MARCA) COMERCIAL

Creio que esse seja o tipo de marca mais simples de entender. A marca comercial é o nome que se dá aos produtos e serviços que serão adquiridos pelo consumidor, cliente ou usuário. A marca comercial pode ter o mesmo nome da marca institucional, ter outro nome relacionado a ela ou um nome completamente diferente, sem qualquer relação. Na explicação do conceito de arquitetura de marca, isso vai ficar ainda mais claro. Mas, antes disso, vamos falar da função da marca comercial.

A principal função do nome comercial é atribuir valor intangível aos produtos e serviços da empresa e aumentar suas vendas. O que importa aqui é criar uma percepção tão positiva que o consumidor prefira essa marca às demais marcas comerciais disponíveis, pagando mais por ela ou comprando sempre dela. Marca comercial, diferentemente da institucional, tem preço. Há marcas mais caras, marcas mais acessíveis, marcas moderadas. A marca comercial também pode ser segmentada. Veja como operam empresas como P&G, Unilever, GPA. Há marcas para públicos D e E, marcas para classe C e marcas para classe AB. Essas marcas não têm relação entre si, cada uma tem seu valor dentro do segmento a que são destinadas e, assim, cumprem sua função comercial.

É especialmente devido a essas diferenças entre o nome institucional e o comercial que precisamos nos preocupar com a função do nome que estamos dando. Uma marca comercial precisa ser pensada para o público específico que ela atende, considerando seu poder de compra, seu nível de instrução, sua região etc. Por outro lado, a marca institucional precisa ser global, pensada para todos, visto que exerce uma função mais genérica.

No exemplo dado acima, vemos que a Vivo, ao se tornar marca comercial, ampliou seu leque de produtos e serviços, dado que recebeu sob seu guarda-chuva aqueles que antes eram nomeados pela marca Telefónica. Dentro desse leque, os produtos estão dispostos nas categorias Celular, Casa e Combos. É aí que surge a terceira função do nome: identificar produtos.

NOME (OU MARCA) DE PRODUTO

No nível de produto, a função do nome é — quase sempre — explicar. Nesse terceiro nível, o budget já está pequeno. Os grandes montantes de investimento costumam ser destinados a construir a marca institucional e as marcas comerciais. Os produtos deveriam apenas pegar o vácuo desse investimento, o que faz sentido. Geralmente, os produtos já estão contextualizados no universo da marca. Isso significa que boa parte das explicações já foram dadas. Muitas vezes, a relação transacional já passou e o consumidor já virou cliente.

Quem conhece a Vivo, já sabe que se trata de uma empresa de telefonia. O produto Vivo Fibra só precisa explicar a "Fibra". O resto já estava explicado pelo nome "Vivo". Da mesma forma, o iFood já é conhecido pelos restaurantes por ser uma plataforma de delivery online. O nome "Portal do Parceiro", portanto, só precisa explicar que é um portal voltado para os parceiros, onde eles encontram todas as informações relativas ao seu negócio e gerenciam sua operação.

Assim, observando a função do nome de produto, pode ser menos adequado — ou até arriscado — adotar um tipo de nome transgressor, por exemplo. Um nome totalmente diferente, que não explique o que o produto faz, pode mais atrapalhar do que ajudar a compreensão.

RESUMO DAS FUNÇÕES DO NOME

NÍVEL	FUNÇÃO DO NOME
Institucional	Nomear uma empresa para construir associações ao nome que ampliem sua reputação junto aos seus funcionários, acionistas e demais stakeholders institucionais.
Comercial	Nomear uma marca comercial ou um grupo de produtos para construir associações ao nome que representem sua proposta de valor, o diferenciem dos concorrentes e estabeleçam uma relação transacional de maior valor e recorrência.
Produto	Identificar uma solução em um contexto de marca comercial, explicando o que ela faz ou para que existe.

Tabela 1 — Níveis de nomes

Espero que este capítulo tenha esclarecido as funções dos nomes e os níveis hierárquicos de marca e produto. Com os aprendizados deste capítulo e do anterior, vamos entrar na parte mais importante e empolgante do livro: a metodologia!

3. Strategic Naming Process
A metodologia

UMA BREVE INTRODUÇÃO À GESTÃO DE MARCAS

A marca é, essencialmente, um nome. Eu me achei um gênio quando descobri isso. Não há nada mais essencial numa marca do que o seu nome. O logo pode mudar, as cores também, a assinatura sonora, a fonte, o endereço, o tamanho, o CEO, os carpetes do escritório, os funcionários, os produtos, os caminhões, as fábricas, tudo. Absolutamente tudo de uma empresa pode mudar de repente ou ao longo do tempo sem que isso impacte significativamente a empresa. O nome, não. A mudança do nome é bem mais delicada e pode gerar um impacto enorme; eventualmente, pode custar a própria empresa. O nome é, portanto, o elemento mais permanente de uma marca.

Para entender melhor o poder que o nome tem, feche os olhos por alguns segundos. Não, espera. Na verdade, melhor não, senão você não vai conseguir continuar lendo este livro — nas palestras que eu fazia, dava certo. Mas, ao menos, imagine que está de olhos fechados e que uma voz te fala o nome de algumas marcas. O exercício é você deixar a sua mente trazer as associações que esse nome evoca. Coca-Cola, Apple, McDonald's, Google... quais associações sua mente traz à tona? Logos, cores, cheiros, sentimentos, sensações, lembranças, frases, produtos etc., formando mais ou menos um esquema visual como este:

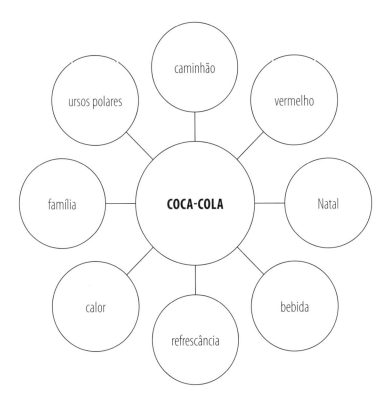

Figura 1 — Mapa de associações: Coca-Cola

Já imaginou se o nome de uma dessas marcas mudasse a essa altura do campeonato? Como seria possível transferir todas as associações para outro nome? Qual seria o custo de se fazer isso? Qual o risco? De quanto tempo as pessoas precisariam para começar a se referir a essa empresa pelo novo nome? O conjunto de associações de um nome são o que o torna o principal ativo intangível da empresa. E isso faz que seja ainda mais importante a reflexão sobre o nome da sua marca.

Claro que isso não impede que você seja criativo e brinque com seu nome ao longo do tempo, desde que haja uma razão muito forte para isso. Veja o caso do "Méqui", que mudou seu nome nas fachadas das lojas para adequar-se à forma como as pessoas se referem com intimidade à marca. Nesse caso, foi uma sacada. Mas estamos falando do McDonald's, uma das marcas mais conhecidas e admiradas do mundo. Além disso, trata-se mais de uma campanha de relações públicas do que de uma mudança permanente, até porque boa parte da competitividade do McDonald's vem de sua estratégia global monomarca, que garante sinergias provenientes da escala.

Mas por que o nome é o elemento mais essencial e permanente de uma marca? Basicamente, isso tem a ver com linguagem. Nossos signos linguísticos são formados por significantes e significados. O signo é o objeto em si. Ou, no nosso caso, o nome. O significante é a imagem acústica e escrita, ou, se preferir, a forma desse nome. O significado é a ideia que se relaciona com o significante, é o sentido, o sentimento, aquilo que o nome representa. Ou, se preferir, o conteúdo do nome. No caso das marcas, temos que concordar mais com Lacan do que com Saussure: o significado de um nome pode mudar ao longo do tempo.

Aliás, o significado é aquilo que pode mudar. A imagem acústica e escrita do nome, sua forma, deve permanecer. Peraí: o conteúdo do nome pode mudar, mas a "cara" dele, não? Parece um contrassenso, mas não é. Somente dessa forma um nome pode evoluir seu significado, acrescentar associações, eliminar outras, e, como um organismo vivo, adaptar-se ao contexto da época. A Coca-Cola existe há mais de 130 anos com o mesmo nome, mas certamente não é a mesma marca. Prova disso é que hoje ela tem em seu portfólio produtos saudáveis e naturais, obviamente concessões e adaptações necessárias para se manter competitiva num cenário que evoluiu.

Eu passei os últimos seis anos da minha vida trabalhando com marcas digitais, tanto como líder de áreas de marketing e comunicação quanto como consultor de branding. Posso afirmar com relativa segurança que gerir marcas digitais é substancialmente diferente de gerir marcas tradicionais. A época em que vivemos é caracterizada pela inovação disruptiva, por mudanças constantes, por vezes bruscas, que alteram a forma como nos relacionamos com nosso entorno. Soluções, produtos e serviços mudam todo dia. O mundo é beta. Nada é permanente.

Nesse contexto, como produzir nomes que possam, ao mesmo tempo, acolher a mudança e perdurar por muito tempo? No mundo digital, a chave está em não lutar contra a realidade. Se a mudança é a constante, vamos acolhê-la. O mundo do controle, do estático, do fixo, do permanente é velho. Repousa na sala de tralhas. Adaptação rápida é o que determina quem fica e quem some.

É aqui que separamos o conceito de nome e o de marca. Essa dupla deve funcionar como o yin-yang do branding. Forças opostas que se desafiam e se complementam. O nome deve ser aquilo que de mais essencial e concreto uma marca possui. O nome é a raiz. A marca deve ser fluida, dinâmica, beta, artística. A marca são os troncos, os galhos e as folhas. A marca é muito mais do que o nome. Ela deve, sim, ser pensada para a mudança e para o futuro, mas o nome deve ser aquilo que ela terá de permanente. O que deve mudar, portanto, são os demais elementos que a caracterizam: logo, cores, fontes, produtos, slogan, escritório, time de vendas etc. Eventualmente e com muito cuidado, podem evoluir inclusive a missão, o propósito, os valores e tudo o mais. A última opção deve ser o nome, porque o custo dessa mudança é sempre maior e mais arriscado.

Vale fazer um parêntese: há momentos em que o nome precisa mudar. Nossa metodologia pretende usar as ferramentas certas e da forma certa para que isso não seja necessário. No último capítulo, vamos falar um pouco sobre isso.

Portanto, dada a natureza e função do nome, a missão do empreendedor é pensar em um que possa durar para sempre — ainda que seja impossível prever com exatidão a probabilidade de que isso ocorra.

Uma vez, um ex-diretor de inovação do iFood, empresa em que trabalhei por três anos e meio, me falou uma frase que ficou marcada: "O iFood precisa criar a empresa que vai disruptar o iFood". Uau! Faz sentido. A era da inovação é a era da disrupção. O velho dá lugar ao novo o tempo todo. Não faria sentido, nesse contexto, pensar que o velho e o novo podem ser a mesma empresa, mas apresentada de formas distintas? Que o novo seja uma versão atualizada do velho? Naquela ocasião, nossa discussão era sobre manter todos os produtos de inovação abaixo da marca iFood ou criar novas marcas. Divergimos. E aprendemos juntos. No fim, o iFood abandonou a ideia de criar novas marcas — naquela época — e manteve todos os produtos sob a marca-mãe. Foi a decisão certa? Talvez sim, talvez não, um dia vamos descobrir.

Como especialista, vejo dois caminhos distintos para que empresas digitais perdurem por muito tempo. O primeiro caminho é o que acabamos de mencionar: criar soluções novas com marcas novas que substituam as soluções antigas com marcas antigas (entenda-se "anteriores", não necessariamente "antigas". Afinal, não dá pra dizer que o Orkut é antigo num planeta com 4,5 bilhões de anos). Esse caminho até pode ser uma alternativa, mas é arriscado e depende de muito investimento. Quanto custa construir uma marca? Haveria empresa no mundo com dinheiro suficiente para criar marcas e mais marcas, para morrerem em tão pouco tempo?

O segundo caminho, portanto, é o da sinergia, da consistência, da "marca evolutiva", que seja capaz de se adaptar ao longo do tempo, evoluindo conforme a necessidade e o contexto para jamais deixar de estar conectada com sua época e seu público. Não é fácil, e há também um risco, claro. Mas é o caminho que apresenta o desafio mais interessante e, para mim, o que melhor garante longevidade e cria condições para disruptar a si mesmo.

Já parou para pensar que uma boa forma de não ser superado é transcender para o campo celeste dos intangíveis? Lá, no mundo das ideias, sua marca pode criar percepções que dependam menos do seu eterno pioneirismo físico e concreto.

Se, por um lado, há a possibilidade de um evento negativo isolado — uma tragédia, por exemplo —, associado a essa marca única, colocar em risco a reputação dela e de tudo que ela faz, por outro, há a vantagem de, ao longo do tempo, ir fortalecendo um único ativo, somando associações, percepções e sentimentos à medida que as pessoas forem tendo boas experiências com ela. A Amazon nasceu em 1994 e não parece apresentar associações antigas, ultrapassadas. O Mercado Livre foi fundado em 1999 e também não há indícios de que será disruptado a qualquer momento.

O Google é um ótimo exemplo, porque, ao brincar com seu logo[6], cria condições para as mudanças e as tornam naturais. O Google pode mudar com liberdade seus elementos — exceto o nome — sem que isso resulte em um alto risco para a empresa. O Google é uma marca evolutiva.

METODOLOGIA SNP — STRATEGIC NAMING PROCESS

Como contei brevemente na introdução deste livro, em 2016, a partir de alguns encontros que fiz com empreendedores, tive a ideia de desenvolver uma metodologia de criação de nomes que fosse simples e prática, a fim de auxiliar aquelas pobres almas que tinham ideias incríveis, muito conhecimento técnico, mas não

---

6. Aqui, eu me refiro aos Google Doodles, logotipos temporários criados pelo Google para comemorar datas especiais.

sabiam nem por onde começar quando pensavam em escolher o nome de suas empresas.

Muitos desses empreendedores são executivos de empresas de diversos setores que largaram tudo para ter um negócio próprio, com vasta experiência em gestão, estratégia, tecnologia, finanças, processos etc. Às vezes, são especialistas em alguma área, como advogados, médicos, donos de comércio eletrônico, que decidem dar uma virada ou correr no paralelo com a realização de um sonho pessoal. Ou então são jovens bem formados, de uma geração que não pretende ter chefe e prefere aprender na marra, na raça, na base da tentativa e erro. Enfim, encontrei perfis muito diferentes entre si, mas igualmente desenvoltos, confiantes e capazes de ser bem-sucedidos em seus negócios.

No contato com esses empreendedores, o que me surpreendeu, de maneira geral, foi a insegurança ou baixa capacitação que tinham quando o assunto era o nome da empresa. Boa parte deles, ainda em início do processo de estruturação da empresa, tinha apenas uma enorme lista de nomes sugeridos por pessoas aleatórias: cunhado, esposa, marido, filho, primo, amigo, papagaio (por que não?). Outros, nem isso: tinham apenas a ideia da empresa, numa descrição relativamente extensa e confusa. Havia ainda quem achasse que o nome não era importante e que deveria se concentrar em resolver outras questões. Alguns poucos, muito seguros de si, tinham nomes péssimos em mãos, claramente inadequados para o que pretendiam empreender.

Se todos eles tivessem à mão um guia de criação de nomes para empresas e produtos, se pudessem contar com uma metodologia simples e verificar se as principais etapas foram cumpridas, certamente encontrariam nomes melhores, estrategicamente adequados ou, no mínimo, poderiam validar os nomes que já tinham e ter muito mais segurança com o resultado final. Esta metodologia surge daí.

Sempre que alguém me pergunta se um nome é bom ou ruim, eu respondo que depende. Eu sei, essa resposta irrita a pessoa que perguntou, mas eu não me importo. A verdade é que é impossível responder assim, na lata, sobre a qualidade de um nome. Antes disso, é preciso entender o que está sendo nomeado, qual é a missão ou objetivo, o que a empresa ou produto faz, qual é o público, em que território atua, entre muitas outras coisas. Por isso, costumo dizer que o nome não é a primeira nem a última coisa a se fazer. E é por isso que esta metodologia é importante.

Com esse objetivo em mente, estruturei um processo que não exige conhecimentos prévios em marketing ou branding, é bastante prático e pode evitar que você descubra que cometeu um erro quando, num futuro não tão distante, o nome — espero eu — já estiver mais conhecido.

A SNP — Strategic Naming Process é uma metodologia de sete etapas, todas descritas detalhadamente abaixo. Como eu não acredito em receitas prontas que valem para todos, deixo você à vontade para avaliar quais etapas são fundamentais no seu caso. A metodologia tem todas as etapas que eu, como consultor de uma marca, cumpriria para garantir que o processo foi bem-feito. Por ser experiente neste assunto específico, algumas delas serão, para mim, muito simples de realizar. Outras dependerão necessariamente de mais esforço e tempo. E assim deve ser com você também. Avalie com cuidado todas as etapas, use este livro como um guia e vá "pinçando" aquilo que fizer mais sentido para você.

> **RECOMENDAÇÃO VALIOSA**
>
> O item "e. Registro de marca e domínio" do capítulo 4 do livro tem orientações sobre como consultar um registro de marca e domínio de forma simples e rápida. Jamais, em hipótese alguma, nunquinha, passe por todo o processo de criação de nomes sem checar a disponibilidade das opções; isso pode representar perda de tempo do time e frustrações.

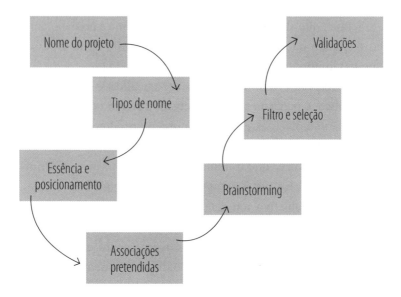

Figura 2 — Etapas da metodologia SNP

A. NOME DO PROJETO

Antes de qualquer coisa, vamos ser práticos. Boa parte da ansiedade de se ter logo o nome da empresa vem do fato de que as discussões precisam de um objeto, de um nome de referência. Sempre que vamos nos referir a algo, precisamos de um nome. "João, você já conversou com o advogado para pensarmos o modelo ideal de contrato da... da nossa futura empresa?" Se você já passou por isso, sabe que é angustiante. Se não passou, vai por mim, é angustiante. A etapa mais simples desta metodologia tem por objetivo acabar justamente com essa angústia.

Por isso, o primeiro passo é dar nome ao projeto. Sua empresa, enquanto não é uma empresa, é um projeto. E, diferente do nome da empresa, que precisa ser muito bem pensado porque vai viver no mundo externo e de forma permanente, o nome do projeto, por ser interno e temporário, pode ser algo mais simples e sem muito compromisso, que vai cumprir a única função de estabelecer uma referência pontual para aqueles que trabalham no projeto.

Aqui tem espaço para tudo: nomes divertidos, piadas internas, nomes de filmes, de músicas, letras, animais, enfim, qualquer coisa. Quem não se lembra do filme *Projeto X*? Já presenciei projetos "secretos" em multinacionais, cujos nomes eram sempre letras ou siglas: "Projeto B", "Projeto WX" etc. E quanto aos nomes das operações temporárias da Polícia Federal? São tão interessantes que sugiro uma pesquisa online: Lava-Jato, Furna da Onça, Vaza-Jato, Carne Fraca etc.

B. O TIPO DE NOME CERTO PARA A SUA EMPRESA
Depois de um capítulo todo dedicado a apresentar os tipos de nomes existentes, discutir as vantagens e desvantagens de cada um e listar exemplos, creio que você já deva ter pensado sobre qual é o tipo de nome que faz sentido para a sua empresa. Se isso não aconteceu, fique tranquilo. Não há obrigatoriedade de ter certeza sobre isso antes de seguir no processo. Porém, vale dizer que quanto mais seguro você estiver sobre o tipo de nome que faz mais sentido para o seu negócio, mais rápido você vai atingir o resultado final. Para auxiliar neste exercício, sugiro responder às perguntas abaixo.

- Qual é o tipo de nome mais adequado para o seu negócio?
  - Descritivo
  - Associativo
  - Antropônimo
  - Topônimo
  - Acrônimo
  - Transgressor
- Quais características desse tipo de nome (descritas no capítulo 1) combinam com o seu negócio?

- Cite dois exemplos de nomes de marca desse tipo que podem ser benchmark para você.
- Se não tivesse escolhido esse tipo de nome, qual seria o segundo tipo mais apropriado para o seu negócio?
- Os concorrentes ou substitutos da sua empresa (ou futura empresa) utilizam esse mesmo tipo de nome? No seu caso, isso é bom ou ruim? Por quê?

Se você escolher um tipo de nome, avançar no processo e depois descobrir que na verdade o tipo de nome escolhido deveria ter sido outro, não se irrite. Basta voltar para esta seção e refazer a sua escolha. Lembre-se: não há obrigatoriedade alguma neste livro, o que importa é que funcione para a sua empresa.

C. ESSÊNCIA DE MARCA E POSICIONAMENTO
Essência de marca

Agora, vamos falar de conteúdos de marca. Porém, aqui, não vamos ser exaustivos nos exercícios de essência de marca e posicionamento. Se quiséssemos aprofundar, precisaríamos de um livro para cada tema. Por isso, vou me esforçar para ser ao mesmo tempo sucinto e suficiente na explicação daquilo que precisa ser feito nesta etapa.

Basicamente, quando falamos em essência de marca, estamos nos referindo ao propósito dela, sua missão, sua visão, seus valores, suas crenças ou qualquer que seja o nome que se dê. Em linhas gerais, é a razão de existir da empresa, o que ela faz e como ela faz. A essência de marca é a origem de tudo. Tudo nasce dela. É ela que garante coerência entre discurso e prática e consistência no tempo. Ela é o guia e a fronteira. Aquilo que delimita o território de atuação de uma empresa, a elasticidade da sua marca.

Quando ninguém sabe direito de onde partir ou para onde ir, é da essência de marca que se bebe. Quando a diretora de marketing precisa aprovar uma peça publicitária, é à essência que ela recorre como parâmetro para sua avaliação e decisão. Quando a gerente de produtos encontra uma oportunidade no mercado, é a essência que vai dizer se faz sentido atacá-la ou se está fora dos seus limites de atuação.

Independente da etapa de desenvolvimento do seu negócio, você provavelmente tem uma ideia do motivo pelo qual ele vai existir. Lembre-se daquele dia em que você caiu da cama e pensou: "Eureka! Eu vou abrir o meu negócio". O que você havia sonhado? Para te dar uma pequena ajuda, selecionei algumas das essências de marca de que eu mais gosto, com formatos diferentes. Use-as como referência para escrever a sua. Ela vai ser fundamental nas próximas etapas do processo.

IKEA

A IKEA tem um dos conteúdos de que eu mais gosto. Ela começa por definir sua essência com uma visão, que apresenta ao mundo a forma como eles enxergam as coisas.

Visão IKEA
A better home creates a better everyday life.
Uma casa melhor cria uma vida melhor todo dia.

Enquanto a visão define no que a IKEA acredita, a missão define o que eles pretendem fazer em relação a isso. Criar uma vida melhor, todo dia, para o maior número de pessoas possível, é o que motiva todos os funcionários da empresa.

Missão IKEA
To create a better everyday life for the many people.

Criar uma vida melhor, todo dia, para o maior número de pessoas possível.

Para deixar menos etérea sua missão, a IKEA definiu uma ideia de negócio que funciona como um desdobramento dessa missão e torna muito mais clara e tangível a entrega da empresa para a sociedade.

Ideia de negócio IKEA
To offer a wide range of well-designed, functional home furnishing products at prices so low that as many people as possible will be able to afford them.

Oferecer uma vasta gama de móveis e artigos de decoração para casa, funcionais e bem-concebidos, a preços tão baixos que o maior número de pessoas possível possa comprá-los.

Como dizer *o que* a empresa faz não é suficiente, eles acrescentaram à essência de marca oito valores, que têm a função de estabelecer *como* a empresa faz.

Valores IKEA[7]
- *Togetherness* [União]
União está no coração da cultura IKEA. Somos mais fortes quando confiamos uns nos outros, avançamos na mesma direção e nos divertimos.

- *Caring for people and planet* [Cuidar das pessoas e do planeta]
Queremos ser uma força de mudança positiva. Temos a possibilidade de causar um impacto significativo e duradouro — hoje e nas gerações futuras.

---
7. IKEA Culture and values. Disponível em: <https://about.ikea.com/en/about-us/ikea-culture-and-values>. Acesso em: 21 jun. 2023.

- *Cost-consciousness* [Preço justo]
O maior número de pessoas possível deve poder ter uma casa bonita e funcional. Desafiamos constantemente a nós mesmos e aos outros para fazer mais com menos, sem comprometer a qualidade.

- *Simplicity* [Simplicidade]
Nossa maneira simples, direta e realista de ser faz parte de nossa herança de Småland, na Suécia. É sobre ser nós mesmos e estar próximos da realidade. Somos informais, pragmáticos e vemos a burocracia como nosso maior inimigo.

- *Renew and improve* [Renovar e melhorar]
Estamos constantemente à procura de novos e melhores caminhos a seguir. O que quer que estejamos fazendo hoje, podemos fazer melhor amanhã. Encontrar soluções para desafios quase impossíveis é parte de nosso sucesso e uma fonte de inspiração para avançar para o próximo desafio.

- *Different with a meaning* [Diferentes, com um significado]
Não somos como outras empresas e não queremos ser. Gostamos de questionar as soluções existentes, pensar de maneiras não convencionais, experimentar e ousar cometer erros — sempre por um bom motivo.

- *Give and take responsibility* [Dar e assumir responsabilidades]
Acreditamos no empoderamento das pessoas. Dar e assumir responsabilidades são maneiras de crescer e se desenvolver como indivíduos. Confiar uns nos outros, ser positivos e olhar para o futuro inspira todos a contribuírem para o desenvolvimento.

- *Lead by example* [Liderar pelo exemplo]
Vemos a liderança como uma ação, não uma posição. Procuramos os valores das pessoas antes da competência e da experiência.

Pessoas que "fazem o que falam" dão o exemplo. É sobre ser o nosso melhor e revelar o melhor de cada um.

FACEBOOK

O Facebook também tem um conteúdo interessante. Obviamente, está relacionado à rede social que todos conhecem, mas é muito mais do que isso. Em vez de focar na plataforma, na tecnologia ou em algo específico e passageiro, o Facebook se define de forma ampla. Se quisessem abandonar a ideia de ser uma plataforma, um site, uma rede social, eles poderiam, desde que encontrassem uma forma ainda melhor de aproximar o mundo.

Missão Facebook
Give people the power to build community and bring the world closer together.
Dar às pessoas o poder de construir comunidade e aproximar o mundo.

Os princípios funcionam de forma equivalente aos valores ou podem ser considerados até missões secundárias. Ao ler o conteúdo, dá para entender algumas das decisões, aquisições e iniciativas que a empresa fez nos últimos anos.

Princípios Facebook
- *Give People a Voice* [Dar voz às pessoas]

As pessoas merecem ser ouvidas e ter uma voz — mesmo quando isso signifique defender os direitos das pessoas de quem discordamos.

- *Serve Everyone* [Servir a todos]

Trabalhamos para tornar a tecnologia acessível a todos. Nosso modelo de negócio são os anúncios para que nossos serviços sejam gratuitos.

- *Promote Economic Opportunity* [Promover oportunidades econômicas]
Nossas ferramentas nivelam o campo de jogo para que as empresas cresçam, criem empregos e fortaleçam a economia.

- *Build Connection and Community* [Construir conexão e comunidade]
Nossos serviços ajudam as pessoas a se conectarem e, quando estiverem no seu melhor, aproximam as pessoas.

- *Keep People Safe and Protect Privacy* [Manter as pessoas seguras e proteger a privacidade]
Temos a responsabilidade de promover o melhor que as pessoas podem fazer juntas, mantendo-as seguras e evitando danos.

Particularmente, gosto dessa forma de apresentação. É simples, mas não é preguiçosa. Apresenta ideias concretas e consistentes entre si, que certamente dão base para tudo que eles produzem.

TIKTOK

O TikTok é curto e grosso ao se descrever, o que faz bastante sentido no caso deles. A marca não é só um aplicativo de vídeos curtos e engraçados para adolescentes. É uma plataforma de criatividade, diversão e alegria. Com uma definição assim, muita coisa ainda pode ser feita sem que a empresa perca ou mude sua essência.

Missão TikTok
TikTok is the leading destination for short-form mobile video. Our mission is to inspire creativity and bring joy.
TikTok é o principal destino de vídeos curtos. Nossa missão é inspirar criatividade e trazer alegria.

Não encontrei nada além disso. Por ser uma marca nova, creio que ainda não aprofundaram seus conteúdos de marca. Mesmo assim, já são motivo de desentendimento entre os Estados Unidos e a China.

Posicionamento

O posicionamento é o espaço, o território que uma marca ocupa na mente do usuário ou consumidor. Se a essência de marca é um conteúdo mais interno e direcionador, o posicionamento pode ser considerado a tradução dessa essência para o mercado. Numa forma livre de compreender esse termo, poderíamos dizer que o posicionamento é a resposta que o usuário daria para a pergunta: "O que essa marca entrega para mim?" Por isso, quando falamos de posicionamento, necessariamente precisamos pensar em algo que diferencie a marca, algo que a torne única para o usuário.

A forma mais simples de produzi-lo é preenchendo algumas lacunas, conforme a estrutura abaixo:

- **Marca:** _____
- **Contexto competitivo:** _____
- **Públicos:** _____
- **Necessidade:** _____
- **Diferenciação:** _____

Obviamente, essa estrutura pode — e deve — ser adaptada conforme a necessidade. Alguns exemplos hipotéticos de posicionamento, que eu mesmo escrevi com base no que conheço das marcas, para que você possa exercitar o seu próprio:

NATURA

- **Marca:** A Natura,

- **Contexto competitivo:** maior multinacional brasileira de cosméticos,
- **Públicos:** atende mulheres e homens preocupados com o planeta,
- **Necessidade:** interessados em cuidar de sua beleza e saúde
- **Diferenciação:** com produtos de alta qualidade feitos com ingredientes naturais, fórmulas seguras e cuidado com a origem, vendidos em embalagens ecológicas e não testados em animais.

AMAZON

- **Marca:** A Amazon,
- **Contexto competitivo:** multinacional norte-americana de tecnologia,
- **Públicos:** apoia pequenos negócios de diversos segmentos
- **Necessidade:** para que prosperem no mundo digital
- **Diferenciação:** com as melhores e mais inovadoras ferramentas, dados, serviços em nuvem e inteligência artificial.

D. ASSOCIAÇÕES PRETENDIDAS

Agora que você tem uma essência de marca e um posicionamento, ainda que não estejam em sua versão final, podemos listar, com muito mais segurança e precisão, as principais associações que queremos que nossa marca carregue. Repare que ainda não estamos no brainstorming, que, sem o método adequado, normalmente acabaria sendo a primeira atividade. E aí, tudo poderia acontecer. Poderíamos nos esquecer de coisas essenciais ou produzir tantas palavras sem utilidade que não chegaríamos a lugar algum.

Quero reforçar aqui que de nenhuma maneira eu esvaziaria o valor da livre associação de ideias como processo criativo. A divergência antes da convergência e a liberdade de criação são fundamentais. E nada impede que você faça isso como primeira atividade. O que eu não acredito é que seja alta a chance de surgir uma ideia genial e adequada apoiando-se apenas num brainstorming livre. Como aprendemos com György Doczi no livro *O poder dos limites*[8], "o ilimitado emerge dos limites". O que este livro pretende acrescentar é um olhar estratégico para o processo de naming, que, por meio dos limites da essência de marca, impulsione o resultado. O processo aleatório você já conhece.

Pois bem, nossos limites foram definidos no primeiro passo (essência de marca e posicionamento) e agora serão simplificados nesta etapa, apenas para fins práticos, em forma de atributos de marca. Sim, associações pretendidas são nada mais nada menos que atributos de marca que queremos que estejam associados a ela no futuro. Esta etapa é, portanto, uma projeção da marca ideal do seu negócio.

Para que o seu exercício não acabe indo para o lado errado, vamos esclarecer o que são atributos de marca. A definição de que mais gosto, eu aprendi quando trabalhei na Thymus, uma consultoria de marca muito respeitada. Atributos são "competências, atitudes e associações feitas a uma marca com base nas experiências passadas, que geram expectativas de relacionamento futuro e determinam sua atratividade e percepção de valor".

Repare que atributos não são valores. Enquanto os valores podem ser "apenas" guias internos de conduta, de como fazer, os atributos são externos, são associações que devem ser feitas pelos públicos do ecossistema de uma marca. Confundi-los é um erro muito comum. A empresa pode ter como valor o "foco no resultado", mas que relevância isso tem para o consumidor dela? Não interessa muito para o comprador se os funcionários dessa empresa estão focados em atingir as metas ou não. O que interessa é o que a empresa faz por ele.

---

8. György Dóczi, *O poder dos limites — Harmonias e proporções na natureza, arte e arquitetura*. 3. ed. São Paulo: Mercuryo Jovem, 2012.

Para dar o próximo passo, vamos utilizar um *mind map*, que é, basicamente, um mapa de associações. Ele é relevante no processo porque nós, seres humanos, geramos ideias com o lado direito do cérebro, que é o responsável por criatividade, imagens, sentimentos e emoções. No nosso caso, tendo em vista o objetivo final de dar um nome estratégico e adequado, essas associações serão projetadas com base em palavras-chave do exercício da etapa anterior.

Então, vamos entender como fazer um *mind map*.

O centro do mapa é a sua empresa. Como ainda não temos um nome, sugiro que você coloque o nome do projeto, conforme combinado na primeira etapa da metodologia. Em caráter de homenagem, vou chamar o meu exemplo de "Projeto X". Portanto, esse é o nome que eu vou colocar no centro do meu mapa.

Em seguida, vamos avançar para o primeiro nível de associações pretendidas. Aqui, sugiro conectar entre cinco e oito atributos principais de marca. Obviamente, você vai extrair essas palavras depois de ler e reler a essência e o posicionamento da sua marca. É esse conteúdo prévio que vai te ajudar a selecionar as palavras certas. Lembra da diferença entre atributos e valores? Leve isso em conta. Não faz muito sentido você colocar a palavra "Resultado" como associação ao seu nome, a não ser que essa seja a proposta de valor para os seus públicos.

Vamos lá. A primeira parte do meu *mind map* ficou assim:

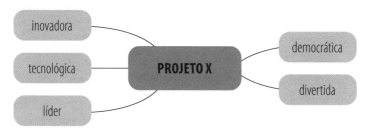

Figura 3 — Associações pretendidas

Ótimo, então as associações principais que eu gostaria que estivessem relacionadas à minha marca são: inovadora, democrática, tecnológica, divertida e líder. Esses atributos, em si, já me dão alguns insights sobre meu nome. Se ser divertida faz parte das minhas associações pretendidas, meu nome talvez possa ser uma palavra bem-humorada, que exista ou que não exista (lembra dos tipos de nomes?). Também é importante que a minha marca seja percebida como inovadora. Será que eu poderia, então, dar como nome um acrônimo, estilo IBM ou HP, por exemplo? Hmmm, acho que não. Acrônimos, apesar de dialogarem com empresas de tecnologia, não são nada divertidos.

Vale reforçar que não necessariamente essas associações precisam ser qualificadores, adjetivos. Podem ser apenas substantivos, sentimentos, conceitos que você gostaria que as pessoas associassem à sua marca. "Tecnológica", por exemplo, não necessariamente qualifica o nome.

Entendeu a dinâmica? De certa forma, esse primeiro nível vai te ajudar a balizar sua criatividade, estabelecendo limites para a sua criação. O nome não necessariamente vai ser uma das palavras definidas, mas esse processo vai auxiliar na definição semântica, na limitação das fronteiras dessa criação. O potencial de um excelente nome é significativamente aumentado pelos limites estratégicos que são definidos.

Segundo nível de associações: Razões Para Acreditar (RPAs). Por que o usuário acreditaria que você é inovador? Por que a sua marca seria percebida como bem-humorada? As RPAs são as razões para que o usuário acredite em você. São, portanto, traduções de ideias na prática. Qualquer coisa que seja tangível, que possa ser vista e avaliada, qualquer experiência de marca em qualquer ponto de contato. Pode ser o tom de voz dos filmes publicitários, o produto, a decoração do escritório, a estrutura do ponto de venda, a "energia" dos funcionários, a fábrica etc.

CASE PIRILAMPA

Recentemente, eu e minha sócia, Raísa Anderson, fundamos a Pirilampa, marca brasileira de luminárias. O projeto nasceu da sensibilidade da Raísa em observar no mercado de luminárias decorativas no Brasil uma carência de opções que tenham ao mesmo tempo apelo estético, qualidade de materiais e preço acessível. Ou tem um ou tem outro. Tudo junto, não tem. Ou, melhor, não tinha. A Pirilampa nasceu pra preencher esse espaço, porque faz luminárias com borogodó (para quem não entendeu, com charme, bossa, originalidade). Nossos produtos têm preço justo, são objetos para funcionar e decorar a casa das pessoas, não são peças de arte. Estrategicamente, definimos que nossas associações deveriam girar em torno de iluminação, brasilidade e popularidade. Essas foram as três palavras que definiram as fronteiras da nossa criação. "Pirilampa", pelo menos na avaliação do nosso público, veio como uma ótima resposta para o que a gente pretendia:

"Pirilampa me lembra lâmpada, Pirilâmpada"
"Pirilampa me remete a lamparina, luz"
"Achei um nome com uma sonoridade bem brasileira"
"Pirilampo é vagalume, não é? Tem a coisa de ter luz, fazer luz"

Para que o usuário acredite que eu sou uma marca inovadora, vou dedicar parte dos meus investimentos para que novos produtos sejam lançados periodicamente, vou produzir conteúdo relacionado a inovação, que me coloque como um "especialista" no assunto, e fazer trabalho de assessoria de imprensa junto aos veículos especializados. Para que o usuário acredite que eu sou uma marca divertida, vou definir um tom de voz e elementos visuais divertidos, e os funcionários, sob influência da liderança, devem se comportar de maneira informal, sem protocolos chatos. E assim por diante.

Qual é a relevância das RPAs para o nosso processo? O seu nome pode ser uma RPA. Se houver uma palavra no primeiro nível de associações que seja a mais importante de todas, pode ser que seu nome seja uma RPA que permita construir aquele

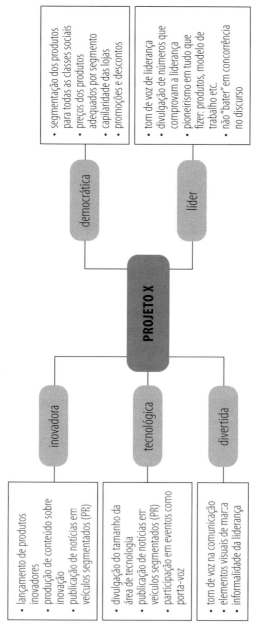

Figura 4 — Segundo nível de associações: Razões Para Acreditar

atributo. As Razões Para Acreditar são construídas ao longo da vida da empresa. O nome, por ser uma das primeiras construções de uma empresa, pode contribuir para a imagem que se pretende construir. Vale fazer o teste.

Se não for o caso, as RPAs podem servir para a validação do seu nome (ver capítulo 4) — quando você já o tiver. Nesse sentido, para cada situação criada nas RPAs, tente imaginar o seu nome ali e avaliar se ele faria sentido ou não. No meu exemplo, eu tentaria enxergar meu nome publicado num veículo de imprensa especializado em inovação, já que pretendo construir esse atributo, sendo anunciado num evento de tecnologia, já que pretendo participar deles. Também avaliaria se ele dá conta de nomear produtos de diversos segmentos, já que vou procurar ser uma marca democrática.

E. BRAINSTORMING

Agora é a hora do brainstorming — na minha terra, "toró de parpite" — e para isso teremos que trabalhar em duas direções. Ao mesmo tempo que é necessário e fundamental dar liberdade ao time para pensar em opções fora da caixa, dar espaço para a espontaneidade e a criação, também é essencial colocar todos na mesma página, alinhando o conhecimento prévio à atividade, para que ela seja o mais construtiva possível.

Todos os passos que demos até agora tinham o objetivo de estabelecer os limites da nossa criatividade. Portanto, você, que lê este livro, e as demais pessoas que participaram desse processo, já têm o conhecimento prévio necessário. Esse conhecimento prévio vai ser bastante útil daqui a pouco, mas, na etapa de brainstorming, não podemos correr o risco de que ele carregue alguns vícios e, consequentemente, acabe atuando como um assassino de ideias. Por isso, em vez de envolver as mesmas pessoas que participaram dessa jornada, é preciso convidar novas pessoas, com mentes neutras, que estão livres dos vícios que vocês foram desenvolvendo no processo. Antes da atividade, esses convidados serão inseridos no contexto, mas, ainda assim, estarão longe de adquirir o nível de profundidade de quem produziu os conteúdos de marca.

> **CRIE UM AMBIENTE DE CONFIANÇA PARA ESTIMULAR A CRIATIVIDADE**
> Em um artigo recente, Jared R. Curhan apresenta um estudo que revela o impacto do ambiente na criatividade.[9] Desde os anos 1940, quando Alex Osborn, sócio da conceituada agência de publicidade de Nova York BBDO e "criador" não oficial do brainstorming, disse que a crítica matava a criatividade, todas as atividades dessa natureza vinham seguindo a conduta da não crítica. Fato é que um estudo recente aponta que depende. O fator determinante para que a crítica aja de forma a podar ou a nutrir a criatividade é o ambiente. A interpretação da crítica muda de acordo com o ambiente em que as pessoas estão inseridas. Num ambiente de confiança, de colaboração, de objetivos compartilhados, a crítica ajuda na criatividade. Nesse caso, o debate de ideias, as réplicas, os questionamentos ajudam a encontrar caminhos mais interessantes. Já num ambiente de competição, a crítica tem o efeito contrário; é interpretada de maneira negativa e acaba suprimindo a criatividade e a liberdade de pensamento.
> Para este exercício, em especial nesta etapa de brainstorming, mas também na atividade de filtro e seleção, é fundamental criar um ambiente de confiança. A proposta é que todos tenham clareza do objetivo final e sintam-se livres para dar ideias, inclusive ruins, para que as críticas, o apontamento de prós e contras e a atividade de pontuação (atribuição de notas) possam ajudar no afunilamento das ideias.

---

9. Jared R. Curhan, "Improve creative brainstorming with constructive criticism". *MIT Sloan Management Review*, Cambridge, 29 mar. 2022. Disponível em: <https://sloanreview.mit.edu/article/improve-creative-brainstorming-with-constructive-criticism/>. Acesso em: 5 jun. 2023.

> **CROWDSOURCING E INTELIGÊNCIA ARTIFICIAL**
> Hoje, temos à nossa disposição uma série de ferramentas digitais, como crowdsourcing e inteligência artificial, que nos auxiliam na etapa de geração de ideias. O autor deste livro é contra o uso dessas ferramentas? Jamais! Pelo contrário, ele é completamente a favor, desde que você as utilize da maneira correta. Em geral, as ferramentas disponíveis não fornecem os critérios necessários nem fazem as validações essenciais para garantir um bom nome, apenas auxiliam na geração de ideias. Portanto, se existe a intenção de usá--las, esta é a etapa correta. Minha sugestão seria utilizá-las durante o próprio brainstorming ou antes dele, trazendo mais insumos para a discussão. Alguns exemplos de ferramentas que você pode utilizar: ChatGPT, Ink & Key, NameSnack, Namelix, Looka, entre outros.

O brainstorming que eu preparei para cumprir nossa missão neste livro tem quatro etapas, sendo duas delas realizadas com um time de convidados e outras duas executadas por você ou uma pessoa responsável.

Você (ou alguém que participou da produção dos conteúdos de marca) vai atuar como moderador da atividade, apenas para garantir que as pessoas estejam colaborando de forma adequada, com liberdade e criatividade, mas também com responsabilidade e baseadas no tema estabelecido. E também, claro, para anotar na lousa ou nos *post-its*, peça fundamental da atividade (jamais menospreze o anotador).

1. **Contextualização dos convidados**: apresente rapidamente a essência de marca (independentemente do formato dado), o posicionamento e o primeiro nível de associações: os atributos de marca. Tente fazer que seu time compreenda o que é a empresa, qual é seu propósito de existir, quais são os públicos que ela atende etc. Mas é só isso, nada mais. Lembre que é importante não pecar pelo excesso. Tente se manter imparcial

quanto aos possíveis nomes, esse é justamente o papel dos convidados. Moderar não é abrir uma votação para os nomes que você já pensou. Essa apresentação deve durar não mais do que 20 minutos.

2. **Geração de nomes:** inicie a atividade listando todos os nomes sugeridos de forma absolutamente livre, apenas garantindo que todos contribuam e assegurando o lugar de fala de cada um. Sem uma moderação adequada, essa geração de nomes pode ser muito enviesada por uma pessoa mais extrovertida e animada, enquanto outras mais tímidas — que poderiam produzir o melhor nome de todos — se mantêm caladas. Lembre que diferentes perspectivas necessariamente enriquecem a atividade. É normal que surja muita coisa ruim antes de surgir algo bom. E tudo bem. Segure sua ansiedade para não matar um nome que pode ser o melhor de todos.
Sugiro que invistam de 30 minutos a uma hora na geração de nomes. Muitas vezes, as melhores opções aparecem depois do "aquecimento". Ou, ao menos, os critérios ficam mais bem definidos e o poder crítico, mais aflorado.

3. **Categorização dos nomes:** após o brainstorming, faremos a categorização dos nomes listados. Você pode fazer isso de diversas formas. A minha sugestão é que sejam feitas duas categorizações para fins de preparar as opções para o próximo e último capítulo, de filtro e seleção do nome da sua empresa.

    a. **Categorização por tipo de nome:** os nomes devem ser agrupados de acordo com o tipo (ver capítulo 1): descritivos, associativos, antropônimos e assim por diante. A essa altura, você já vai começar a confirmar sua opinião sobre o tipo de nome que sua empresa deveria ter ou cogitar uma mudança de visão, de acordo com a qualidade dos nomes que tiver à mão.

b. **Categorização por atributo:** os nomes listados devem ser agrupados pelo atributo de marca que reforçam ou a que estão associados. Ainda não é hora de filtrar nem eliminar nomes. Muito provavelmente, você já tem em mente qual é ou quais são os atributos mais importantes para a sua marca. Isso já vai auxiliar de alguma forma na etapa de filtro e seleção.

Nota importante: os nomes transgressores não são passíveis de classificação por atributo, justamente porque não estão relacionados a nenhuma ideia existente. Se tiver dúvidas, volte ao capítulo 1 e releia a descrição desse tipo de nome.

4. **Tabela de naming:** apenas para facilitar a visualização das categorias que foram criadas, sugiro plotar todas as opções em uma tabela, conforme exemplo visual a seguir. Os transgressores serão dispostos todos juntos, sem categorização de atributos.

TABELA DE NAMING	INOVADORA	DEMOCRÁTICA	TECNOLÓGICA	DIVERTIDA	LÍDER
Descritivos					
Associativos					
Antropônimos					
Topônimos					
Acrônimos					
Transgressores					

Tabela 2 — Tabela de naming

Por fim, recupero de forma sucinta algumas dicas que dei neste capítulo:

- Convide pessoas neutras, não envolvidas diretamente com a sua empresa.

- Utilize uma lousa grande, que todos possam ver, ou *post-its* coloridos.
- Use a essência (propósito, missão, valores etc.), o posicionamento e os atributos da sua marca como ponto de partida.
- Estimule a iniciativa de todos; diferentes perspectivas enriquecem a discussão.
- Assegure o espaço de cada um: uma fala por vez.
- Dê liberdade para os participantes, encoraje as ideias malucas.
- Não faça críticas ou julgamentos e fique atento às suas reações físicas. Um simples olhar torto pode limitar a criatividade dos participantes.
- Categorize as opções sem fazer muitos filtros ou reduzir demais a lista. Mantenha-se ainda com várias opções.
- Leia o quadro "Crie um ambiente de confiança para estimular a criatividade", na página 64.

F. FILTRO E SELEÇÃO

Chegamos à tão esperada etapa de seleção do nome. O processo que seguimos até aqui foi importante para construirmos uma base de conhecimento e uma capacidade crítica que nos dessem condições de avaliar as opções de forma estratégica. Sem isso, teríamos feito do jeito tático e arriscado, o que poderia gerar problemas futuros. Como defendi no início deste livro, a escolha do nome é uma das principais decisões de qualquer empresa e, ainda assim, uma das atividades mais negligenciadas. Nós, eu e você, estamos certos de que construímos um caminho seguro, que nos preparou para essa importante decisão.

Então, vamos lá. Como fazer o filtro e chegar ao nome da empresa? Obviamente, esse processo de filtragem pode ser feito de diversas maneiras. A que eu mais gosto, e que já usei com sucesso, é utilizando a tabela que desenhamos na seção anterior. Repare que a tabela de naming resume tudo o que vimos neste livro. Ela cruza os tipos de nomes, cuja explicação detalhada foi feita no capítulo 1, com os atributos de marca, que, em última instância, são um resumo dos conteúdos de marca que produzimos ao longo do livro. É ela, portanto, que pode nos garantir uma tomada de decisão apoiada numa visão ampliada, de cima; uma decisão de branding, de fato. Ao usar a tabela de naming, você certamente estará reduzindo o risco de sua decisão e dando a ela o peso adequado.

A forma mais criteriosa de fazer o filtro é ir selecionando quadrantes da matriz progressivamente, em rodadas, como se fossem eliminatórias de Copa do Mundo. Você deve questionar cada atributo *versus* os demais de acordo com quão essencial ele é para a empresa e, da mesma forma, questionar os tipos de nome de acordo com sua adequação para sua empresa. Para essa discussão, leia o quadro da página 64. A depender do caso, esse processo também pode ser feito sozinho, mas o ideal é abrir uma discussão num pequeno grupo de pessoas do seu time ou, ainda, como já vi acontecer com sucesso, abrir para votação dos funcionários da empresa ou do público em geral (só nas etapas finais).

Você pode começar eliminando um tipo de nome vinculado a um atributo, por exemplo, conforme a tabela a seguir.

TABELA DE NAMING	INOVADORA	DEMOCRÁTICA	TECNOLÓGICA	DIVERTIDA	LÍDER
Descritivos					
Associativos					
Antropônimos					
Topônimos					
Acrônimos			X		
Transgressores					

Tabela 3 — Tabela de naming 2

Ou pode eliminar de uma só vez um tipo de nome, independentemente do atributo.

TABELA DE NAMING	INOVADORA	DEMOCRÁTICA	TECNOLÓGICA	DIVERTIDA	LÍDER
Descritivos					
Associativos					
Antropônimos					
Topônimos					
Acrônimos	X	X	X	X	X
Transgressores					

Tabela 4 — Tabela de naming 3

LEMBRETE VALIOSO
Já checou a disponibilidade de cada nome? O item "e. Registro de marca e domínio" do capítulo 4 do livro tem orientações sobre como consultar um registro de marca e domínio de forma simples e rápida. Não se esqueça dessa dica.

Aos poucos, de rodada em rodada, você vai começar a se aproximar do nome da sua empresa, marca ou produto. É importante registrar o resultado de cada uma das etapas porque você pode precisar resgatar algum nome que ficou pelo caminho, uma vez que o próximo capítulo, de validação do nome, nem sempre confirma o resultado desta etapa.

Espero que agora você já tenha o nome da sua empresa. Mas e se não tiver?

DISCLAIMER PARA OS DESESPERADOS QUE NÃO CHEGARAM EM NOME ALGUM
Como falado no início deste livro, a escolha do nome é tarefa árdua e complexa. Este livro pretende estabelecer um caminho, uma forma de reduzir riscos, retirar subjetividades e aumentar a chance de sucesso na escolha do nome. Porém, vale

sempre lembrar, nós somos seres subjetivos. E, como tais, pode ser que, depois de todo o processo, o filtro e a seleção, ainda não estejamos satisfeitos com a ou as opções de nome. E agora?

Ao contrário do que você possa estar pensando, eu não tenho uma resposta mágica para que o processo dê certo sempre. Aliás, chegar a nomes finalistas que não agradam muito aos próprios participantes do processo é super comum. Uma sugestão: vá para a frente ou para trás, só não fique parado.

Indo para trás: eu não queria te contar no começo para não te assustar, mas este livro ensina muito mais do que naming. Ter percorrido esse processo todo te deixou em condições de avaliar muito melhor os seus objetivos, o propósito da sua marca, a sua imagem de marca pretendida, os atributos que são relevantes no seu caso. Se você ainda não encontrou o nome, tudo bem. Pode ser que você não esteja mais criativo que antes, mas com certeza está em outro patamar de capacidade crítica e consegue avaliar com muito mais profundidade a qualidade de um nome para o seu negócio ou produto. O que fazer, então? Duas possibilidades simples:

A. Voltar ao processo criativo com outras pessoas do time, convidados, amigos etc. O estágio inicial nos permite abrir a cabeça novamente e repensar tudo do zero. Novas ideias vão surgir, com certeza. Quem participou do processo já está viciado; evite trazer as mesmas pessoas.

B. Contratar ajuda especializada. Repertório é fundamental na atividade criativa. Tem gente que faz isso da vida, que tem muita referência na cabeça e que pode ajudar muito no resultado final. Se você tem essa possibilidade, contrate publicitários, criativos, para ajudar a pensar em possibilidades, mas dentro dos limites que foram definidos antes da etapa criativa. Isto é muito importante: uma agência de propaganda tem potencial de fazer um grande trabalho se, e necessariamente se, ela tiver em mãos um excelente briefing que defina o desafio e os parâmetros/limites da criação. Fazer a imersão do seu fornecedor criativo na essência da sua marca é parte fundamental, premissa deste trabalho. Caso contrário, você pode colocar tudo a perder.

> Indo para a frente: se não foi possível chegar a uma opção de nome, você pode avançar para o próximo capítulo e usar cada um dos tópicos (elasticidade, som e imagem, longevidade, rejeição, formalização e tradução visual) como critérios ou quesitos de desempate. Neste caso, sugiro que desenhe uma tabela que cruze os nomes selecionados com os critérios do capítulo para elencar, em cada um deles, a ordem do melhor para o pior, usando uma escala de 1 a X, onde X é a quantidade de nomes separados para comparação. Exemplo da tabela a seguir:
>
> - A opção A (1ª posição) é a melhor no quesito elasticidade, seguida das opções C (2ª posição), B (3ª posição) e D (4ª posição).
> - A opção C é a melhor no quesito som e imagem, seguida das opções B, A e D.
>
> E assim por diante.

RANKING DE OPÇÕES	OPÇÃO A	OPÇÃO B	OPÇÃO C	OPÇÃO D
Elasticidade	1	3	2	4
Som e imagem	3	2	1	4
Longevidade	4	3	2	1
Rejeição	1	2	4	3
Formalização	2	1	3	4
Tradução visual	2	4	1	3

Tabela 5 — Ranking de opções

Marca é igual a filho: a gente cria para o mundo. Mas não para "todo mundo" — para alguns públicos específicos, que serão fundamentais na construção do nosso negócio. Às vezes, a gente tem a pior ideia do mundo, com exceção de todas as outras. Um nome (ou vários) que pode não parecer muito bom na nossa concepção é o nome ideal na visão do nosso público. No seu caso, ir "para a frente" no processo pode ser, em vez de completar toda a tabela anterior, simplesmente

► validar com seus públicos estratégicos. Eu já odiei nomes num primeiro momento, dos que passei a gostar um tempo depois porque todo mundo gostava. O próximo capítulo vai te orientar sobre como fazer isso. Preste atenção especial ao tema "Rejeição: avaliação dos públicos do ecossistema".
Sinta-se livre para levar mais de um nome para a frente. As etapas do próximo capítulo podem servir como critérios de desempate entre nomes.

4. Garantindo o sucesso do nome
Validações essenciais para se proteger de adversidades futuras

ESTE CAPÍTULO É DE SUMA importância. Se fôssemos rigorosos, poderíamos defender que estes temas estivessem dentro da metodologia SNP, como partes integrantes e cruciais dela. Porém, após ter passado por diversos processos de naming, considero que estas etapas têm menor impacto na criação do nome em si, apesar de ainda ser extremamente importante refletir sobre cada uma delas. Em geral, são cinco tipos de validações que precisam ser feitas para que você possa seguir sua vida sem medo de ser feliz. São elas:

a. Elasticidade: nome e arquitetura de marca
b. Som e imagem: semântica, significado e significante
c. Longevidade: moda, tendência e moda atemporal
d. Rejeição, sentimentos e sensações: avaliação dos públicos do ecossistema
e. Formalização: registro de marca e domínio
f. Tradução visual: riscos e pontos de atenção

A. ELASTICIDADE: NOME E ARQUITETURA DE MARCA

Gosto de enxergar a arquitetura de marcas como um quebra-cabeça. Toda empresa tem uma série de peças que precisam se encaixar, se organizar, de alguma forma que façam sentido no quadro geral.

Basicamente, é esse o desafio de um arquiteto de marcas. Fazer isso, mais cedo ou mais tarde, passa pelo nome. Neste capítulo, você vai entender a relação entre o nome e o quebra-cabeça.

Se você já sabe ou tem alguma pista do tipo de arquitetura que sua empresa vai ter, um nome adequado certamente pode facilitar o seu desafio. Há nomes mais "elásticos", que podem ser facilmente estampados em diversas categorias de produtos, e há nomes menos flexíveis, que dificilmente funcionarão para todo tipo de solução. Saber se seu nome deve ser mais ou menos elástico passa por tentar prever que tipo de arquitetura a sua empresa pode ter no futuro, ainda que não haja certeza quanto a isso.

Para que fique claro: este capítulo não pretende ter como produto final a definição de uma arquitetura de marca para sua empresa, mas apenas explicar a relação do nome com a hierarquia de marcas e produtos que ela possa ter no futuro e validar se o que você escolheu na SNP é compatível com ela. Se ainda não há nenhum racional de hierarquia, também não há problema algum. Nesse caso, este capítulo vai funcionar como uma provocação que deve levar a reflexões que você não teria sozinho.

Em geral, as estruturas mais comuns de arquiteturas de marca foram estabelecidas por David Aaker, o guru americano de estratégia de marca, em seu livro *Brand leadership* (2000). São quatro diferentes estratégias que eu vou apresentar de forma sucinta, dando alguns exemplos para facilitar a compreensão.

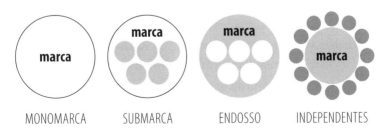

Figura 5 — Estratégias de arquitetura de marca

MONOMARCA

Descrição:
Marca corporativa (marca-mãe) como referencial dominante, geralmente seguida de um descritivo do setor de atividade ou da linha de produto.

Vantagens:
- Garante máxima sinergia: tudo que é investido na marca acrescenta valor em todos os produtos da empresa.
- Empresta ao produto os atributos da marca-mãe.

Exemplo:
A Honda é a mesma marca para carros, motos, banco, consórcio, seguros etc. Em vez de criar marcas diferentes para atender setores diferentes, ela reforçou o mesmo ativo, o mesmo nome, emprestando dele todas as associações que já eram feitas.

SUBMARCA

Descrição:
Marca corporativa adicionada de uma segunda marca, que, teoricamente, pode adquirir peso menor ou igual ao da marca-mãe.

Vantagens:
- Empresta ao produto os atributos da marca-mãe.
- Dá elasticidade à marca corporativa.
- Permite entrar em novos segmentos ou nichos de mercado sem necessidade de uma nova marca.

Exemplo:
O Google é uma marca cujos produtos têm força de marcas independentes (Google Maps, Google Ads, Google Analytics etc.), mas não a teriam sem o empréstimo dos atributos da marca-mãe. Repare que a marca principal tem maior destaque (poderia ser igual), o que determina sua classificação como submarca e não como marca endossada.

ENDOSSO
Descrição:
Esta estratégia tem marcas endossadas pela marca-mãe, com associações que podem ser mais ou menos evidentes.
Vantagens:
- Empresta ao produto os atributos da marca-mãe.
- Dá liberdade para criar produtos com atributos específicos, não necessariamente atrelados à marca-mãe.
- Cria sinergia entre os produtos, ainda que eles não tenham relação entre si.
- Por causa do vínculo relativamente menor, isolam, até certo ponto, a marca-mãe de eventuais crises.

Exemplos:
- **Mais evidente:** a Adobe tem uma identidade para cada marca endossada, mas, mesmo havendo certa variação entre elas, todas carregam o nome "Adobe" (Adobe Photoshop, Adobe Illustrator, Adobe InDesign etc.). Ao longo do tempo, a tendência é que a marca-mãe sequer precise aparecer para que o público saiba que ela está presente.
- **Menos evidente:** a Atlassian tem uma identidade clara entre as marcas — a fonte, a cor, o padrão de construção do logo —, o que acaba comunicando seu endosso de forma bastante sutil. Praticamente podem ser consideradas marcas independentes (Jira, Bitbucket, Bamboo, Sourcetree etc.).

INDEPENDENTE
Descrição:
Cada marca se sustenta sozinha, não tendo relação direta com a marca-mãe nem com as demais marcas do portfólio.
Vantagens:
- Oferece flexibilidade máxima na atuação de cada marca.
- Possibilita adequação total a segmentos ou nichos específicos.

- Permite evitar associações indesejadas ou incompatíveis com a marca-mãe.

Exemplo:
A Hypera Pharma (antiga Hypermarcas) tem um vasto portfólio de marcas totalmente independentes entre si (Coristina D, Doralgina, Doril, Engov etc.). Por vezes, o consumidor sequer sabe quem é o fabricante por trás daquele produto.

Com a conceituação feita, agora você deve avaliar se o nome que escolheu dá conta da arquitetura de marca que sua empresa tem maior potencial de apresentar no futuro. Se o nome definido na SNP é muito grande, dificilmente uma estratégia de endosso ou submarca será viável. Se ele é transgressor, será preciso compreender a relação sonora e semântica que será estabelecida entre marca-mãe e produto, para que o som ou o significado não gere um estranhamento no usuário.

Como comentei no início do capítulo, este tema não necessariamente é determinante para a criação do nome, mas esta reflexão pode levar a pequenos ajustes que têm potencial de encaixar melhor as peças desse quebra-cabeça.

B. SOM E IMAGEM: SEMÂNTICA, SIGNIFICADO E SIGNIFICANTE

Semântica é o estudo do significado das palavras. Seja qual for o nome que você escolheu para a sua empresa, não deixe de analisar com cautela os significados que podem estar associados a ele. Ainda que seja um nome transgressor, sua sonoridade ou "imagem" (palavra escrita) podem remeter a algum significado inesperado ou indesejado. O simples fato de mostrar o nome da sua empresa a outras pessoas e perguntar o que elas entendem já ajuda muito a não cometer alguma gafe.

Nunca me esqueço de alguns bons exemplos de empresas que não prestaram muita atenção nessa parte do processo ou simplesmente bancaram o risco. A empresa Pintos tem sede em Teresina (PI) e foi fundada em 1955 pelo português Agostinho Pinto. Até então, era apenas um Pinto. Mas, anos depois, quando o primo do sr. Agostinho, o sr. Delfim Pinto, entrou na sociedade, ela passou a se chamar Pintos Magazine, que nada tem a ver com a indústria erótica ou pornográfica. Hoje, a empresa atua em vários segmentos, estimulando nossa mente infantil com as seções Pintos Calçados, Pintos Móveis, Pintos Rio Branco e outras categorias igualmente sugestivas. Vale dar uma navegada no site.

Outro exemplo — muito bem-sucedido, aliás — é a Rede Galinha Morta. Tudo começou em 1992, quando Léa Shuster montou uma ponta de estoque no bairro do Bom Retiro, em São Paulo. À época, um cunhado da fundadora deu a ideia do nome da rede, com base numa expressão popular relacionada a preço baixo: "preço de banana", "negócio da China", "preço de galinha morta". Lendo assim, meio de longe, sem conhecer a história, esse nome parece mais adequado para uma granja (por mais triste e realista que seja). Vale dizer que, apesar de ser politicamente incorreto e até de um certo mau gosto, o nome não prejudicou o sucesso da rede junto ao seu público.

A análise semântica também passa por analisar as transformações de significados que acontecem nas formas linguísticas. A semântica sincrônica é aquela que estuda o significado das palavras no momento atual. É provável que essa avaliação seja a que você faria normalmente, sem dificuldades, acerca do nome da sua empresa. A semântica diacrônica, porém, é aquela que estuda o significado das palavras em determinado espaço de tempo. A minha dica é que, na sua avaliação, você questione também se o significado do nome não está excessivamente vinculado a um tempo específico — a época em que vivemos —, que, em alguns anos, pode mudar a ponto de ficar ultrapassado, antigo, inapropriado.

Alguns nomes podem ficar datados porque são palavras muito vinculadas a um momento específico da história. Em geral, quando há uma quebra de paradigma em alguma área, novas palavras surgem e, junto com elas, uma explosão de nomes. Depois que a internet invadiu nossas vidas, as palavras "online", "net" e "web", por exemplo, foram usadas aos milhares para nomear empresas digitais. Hoje, essas palavras já me remetem a algo meio antigo, de uns 10 ou 15 anos atrás.

Além disso, é importante atentar para dois outros conceitos nessa análise: denotação e conotação. Conotação é quando as palavras são aplicadas em um sentido figurado, fazem alusão a algo e dependem do contexto em que estão inseridas. Denotação é o sentido real da palavra, o significado literal e original presente no dicionário. Por vezes, você está engajado numa palavra que não apresenta qualquer problema denotativo, mas acaba por sugerir outros sentidos que não eram pretendidos. Lembra da Pintos Magazine? Trata-se de um belo exemplo de conotação (sexual) que provavelmente nunca foi pretendida pelo sr. Agostinho.

O som e a imagem do nome da sua empresa são outros aspectos que você precisa considerar na sua avaliação. O objetivo é pensar nisso no sentido de ajudar a memorização do nome e a associação dele com os atributos que você deseja. Nada mais. Ao contrário do que dizem por aí as dicas prontas de internet, a imagem (forma escrita) e o som do seu nome não precisam, necessariamente, ser simples. Isso vai depender do objetivo que você tem com ele. O nome "Häagen-Dazs" não é nada simples. Nem de escrever, nem de falar, nem de tentar entender o que significa — porque, afinal de contas, não significa nada. É um nome de inspiração dinamarquesa que não tem qualquer significado, a não ser soar como um produto importado. Portanto, ele tem um sentido, mesmo não sendo simples. O som, obviamente, tem um aspecto adicional que faz dele um super trunfo. Ele é capaz de gerar sensações, sentimentos, trazer imagens à mente. Você sabe o poder que a música, por exemplo, tem sobre a gente, nosso humor, nossa criatividade, nossa energia. Não repare apenas se o nome é agradável aos ouvidos das pessoas, mas também se é pronunciável pela maior parte delas, mesmo que ele não signifique nada. Idealmente, as pessoas devem conseguir pronunciá-lo da mesma forma em qualquer lugar do mundo, ainda que isso não seja necessariamente uma regra. Há nomes que acabam gerando pronúncias completamente diferentes. Eu mesmo, por muito tempo, falei (ou ainda falo) errado o nome de várias marcas do nosso cotidiano: Leroy Merlin, Reebok, Ray-Ban...

C. LONGEVIDADE: MODA, TENDÊNCIA E MODA ATEMPORAL

Apesar de não ser tarefa simples prever e separar aquilo que é moda daquilo que é tendência, e separar ambas do que é atemporal, é bastante importante que você pelo menos tente avaliar seu nome quanto a esses conceitos. Vivemos tempos que mudam muito e mudam rápido. Eu sei que esse papo já até cansou. "Vivemos tempos de mudanças constantes". Sim, e você já sabe. Mas vale frisar que, para fins de dar nome a uma empresa, é preciso lembrar e relembrar que até o significado das palavras está sempre mudando. Ultimamente, mais rápido do que nunca. As problematizações não são fenômeno novo, mas ganharam força na sociedade digital. Palavras que eram aceitas com naturalidade no passado podem agora representar algo indesejado. A Rede Galinha Morta provavelmente teria repensado seu nome numa sociedade com mais consciência ambiental — a de hoje —, com veganismo e vegetarianismo crescendo como nunca. Se não fosse motivo para repensar o nome, seria, ao menos, uma resistência a ser levada em conta.

Creio que seja consenso, no mundo fashion, a diferença entre esses conceitos. "Moda" é um movimento que marcou (ou tem marcado) determinada época, alguns anos ou uma década, por exemplo. Pode ser considerada sinônimo de "costume" de uma sociedade em dado período. A saia godê nos anos 1950 é um exemplo.

Já "tendência" é aquilo que pode ou não virar moda. As passarelas são o próprio palco da tendência. Lá são apresentadas peças conceituais, futuristas, inspiradoras, que podem ou não vingar. Seu sucesso vai depender de uma série de fatores, entre eles a própria capacidade e disposição do público para absorver aquela ideia.

Por fim, temos um terceiro conceito: "moda atemporal". Basicamente, no mundo fashion, estamos falando de roupas que "não saem de moda", independente da estação, da temporada e das tendências do momento. No que concerne ao design, essas peças não seguem o corte, o tecido ou a cor da vez. Elas estão relacionadas a um posicionamento visual que independe do tempo. No que concerne ao negócio, as roupas são mais duradouras porque a ideia é que sejam utilizadas durante o ano todo, em qualquer estação.

Bingo! Você precisa avaliar se o nome da sua empresa está mais para moda, tendência ou moda atemporal. Se está mais para moda, esqueça. Tente outro nome, porque em breve ele não significará nada ou remeterá a algo que você não deseja relacionar ao seu negócio. Se está mais para tendência, cuidado. Há grandes chances de que o conceito por trás do seu nome não vingue e ele se torne inadequado. Se o seu nome está mais para moda atemporal, ótimo. Você está no caminho certo.

Uma forma de evitar a moda e a tendência é não relacionar o seu nome com plataformas e tecnologias específicas. Peguemos o exemplo da indústria fonográfica. Todos os nomes de empresas que nasceram vinculados a determinada tecnologia se tornaram datados, antigos, inadequados depois que uma nova tecnologia surgiu e tomou a indústria. Assim, hoje, todas as marcas (inclusive de comércios locais) que surgiram com a palavra "disco", "fita" ou "CD" no nome já não fariam o menor sentido. Exceção para aquelas tecnologias que voltam a vender depois de anos no ostracismo, por um impulso saudosista de consumidores nostálgicos, como é o caso do disco de vinil, que, no primeiro semestre de 2020, pela primeira vez desde 1980, voltou a vender mais do que o CD, que é uma tecnologia mais recente.

A metodologia SNP nos levou a pensar na marca de forma estratégica, refletindo sobre essência, propósito, posicionamento, justamente para que não ficássemos presos a pormenores específicos da indústria e do tempo. Em vez de dar um nome vinculado a uma tecnologia ou plataforma, empresas da indústria fonográfica deveriam sempre ter como foco a música e aquilo que ela proporciona. A emoção, as sensações, o sentimento, a arte. Isso, sim, é atemporal.

D. REJEIÇÃO, SENTIMENTOS E SENSAÇÕES: AVALIAÇÃO DOS PÚBLICOS DO ECOSSISTEMA

O conceito de ecossistema, obviamente, é emprestado da biologia. A biologia pode ser estudada em níveis de organização que nada mais são que uma hierarquia na qual um nível se encaixa dentro de outro, desde a visão geral da galáxia, do sistema solar até a menor parte de um elemento químico, que é o elétron.

O segundo maior nível de organização biológica, depois da biosfera, é o ecossistema. Ele é o conjunto de seres vivos de certa região, que interagem com os fatores abióticos (ambiente) de modo que a energia flua e a matéria circule entre as partes vivas e as não vivas. Em branding, ecossistema é a mesma coisa, só que, no lugar de seres vivos, estão instituições ou entidades sociais. O ecossistema é dinâmico e tem como premissa a interação entre os agentes. A vantagem do conceito de ecossistema, para nós, é entender que seu nome vai existir de forma geral e para cada público específico e que, portanto, vai representar a sua empresa para eles. Essa ferramenta é usada, principalmente, para monitorar os vínculos que a marca estabelece com os públicos.

Para entender melhor essa dinâmica, considere que a sua marca está no centro do ecossistema. Dentro dele, há uma composição única de agentes que, de alguma forma, impactam a existência da marca. As maneiras como cada agente impacta a marca podem ser diferentes. Esses agentes se agrupam segundo seu papel na construção de valor da marca. Há os construtores, os avalizadores, os decisores, os influenciadores, os inspiradores e assim por diante. Esses grupos interagem e, a cada interação relativa à marca, atribuem a ela mais ou menos valor. Repare que temos um achado aqui: as interações ocorrem entre todos os agentes, com ou sem intermediação da marca. Isso significa, basicamente, que uma única experiência negativa pode contaminar a sensação do ecossistema todo, a depender de sua intensidade e da força da influência daquele agente.

Portanto, sua marca estará no centro do seu ecossistema. Em torno dela, viverão marcas concorrentes, o governo, a imprensa, os funcionários, os sindicatos, os influenciadores digitais e inúmeros outros agentes que, em algum momento, podem atribuir mais ou menos valor à sua marca. É fundamental entender isso em profundidade para gerenciar uma marca ao longo do tempo. Este livro não pretende ser exaustivo nessa discussão, mas, se você se interessa por ela, procure os textos e vídeos do Ricardo Guimarães, fundador da Thymus[10], quem me ensinou sobre ecossistema. O contato que tive com ele e com seus conteúdos foi de grande valia para o meu entendimento do universo das marcas.

Por enquanto, basta entender que o nome da sua empresa vai viver e conviver dentro de uma rede de agentes que influenciam sua marca de alguma forma. Portanto, pense nele como um ativo a ser construído para todos esses públicos. Abaixo, um exemplo de ecossistema de marca que estruturei junto à diretoria de uma empresa na qual trabalhei.

Figura 6 — Ecossistema de marca

Repare que, nesse caso, os agentes estão segmentados em construtores, reguladores, influenciadores e avaliadores. Os construtores

---

10. Thymus. YouTube. Disponível em: <https://www.youtube.com/c/ThymusUp framing>. Acesso em: 12 jun. 2023.

são pessoas ou organizações ligadas diretamente ao processo de criação de valor, que podem, assim, impactar na qualidade da marca e de seus produtos e serviços. Os reguladores, como o próprio nome diz, são entidades que legislam no setor em que a empresa atua. Os influenciadores são pessoas ou organizações que, a partir de suas experiências com a empresa, podem influenciar a opinião de outros públicos. E, por fim, os avalizadores são entidades com autoridade em temas relevantes para o negócio, cujas opiniões credenciam a empresa. Em geral, esses grupos já dão conta do ecossistema, mas o seu caso pode ser diferente. Há outros grupos que podem entrar: decisores, inspiradores, viabilizadores etc. Você também pode criar os seus próprios grupos, o que importa é entender a relação deles no processo de criação de valor da sua marca.

Qual é a função prática do ecossistema neste livro? Avaliar rejeição nos públicos principais. Sim, pesquisa. Mas não se trata de envolver institutos de pesquisa, roteiros extensos nem nada disso. Creio que a nossa necessidade seja atendida com uma simples sondagem.

Muita gente é cética em relação a pesquisas. Eu também sou. Eu diria que, nesse quesito, me defino da mesma forma que me defino em relação a Deus: sou agnóstico. Não sou ateu nem crente, apenas acho que não devemos ser cegamente fiéis aos resultados das pesquisas — em especial, as qualitativas —, como também não devemos ignorá-las totalmente. Há muitos temas que não podem ser consultados; o resultado não ajudaria em nada. Mas os fatores cujas avaliações são de extrema relevância no nosso caso, quanto ao nome que foi dado à empresa, são a rejeição, os sentimentos e as sensações.

Não é o mais indicado perguntar às pessoas se elas gostam ou não de um nome. Os públicos do ecossistema não são especialistas e não têm o contexto total do nome, não sabem avaliar se ele comporta a arquitetura desejada ou se tem uma forma simples de tradução visual. O mais indicado é você saber o que a sua marca precisa comunicar, confrontar isso com a percepção do público e tentar captar sentimentos e sensações que o nome trouxe às pessoas. Ou, nos casos em que a empresa não deseja comunicar nada específico com o nome, testar pelo menos a rejeição.

Minha recomendação é que você selecione de dois a três representantes (respondentes) de pelo menos quatro públicos principais do seu ecossistema (clientes, parceiros, fornecedores etc.) e avalie seu nome junto a eles, de forma qualitativa e em entrevistas individuais. Se a sua empresa ainda não existe, busque representantes potenciais. Bastam três perguntas, da mais aberta para a mais específica:

1. O que vem à sua mente quando ouve esse nome?
2. Quais são seus sentimentos e sensações quando você ouve esse nome? Justifique.
3. Você compraria os produtos de uma empresa com esse nome? Responda utilizando uma escala de 1 a 4, em que 1 é "compraria com certeza" e 4 é "jamais compraria".

A pergunta número 1 vai captar a impressão imediata da pessoa, a reação "estética", a cara feia, o sorriso, a neutralidade, a cara de nojo (espero que você não tenha pensado num nome que provoque isso). É a primeira impressão. A resposta deve ser livre, orgânica, natural e espontânea. Isso já nos ajuda a entender se há paixão, rejeição ou neutralidade.

A pergunta número 2 vai nos ajudar a compreender mais a fundo as sensações, emoções e associações que são projetadas junto ao nome da empresa. Aqui é possível explorar a "ética" do nome, valores que carrega, palavras e imagens a que remete. Pode ser que não haja rejeição explícita, mas, a depender das associações, você mesmo pode rejeitar o nome, uma vez que ele foge daquilo que se pretendia ou, pior ainda, traz elementos indesejados.

A pergunta número 3 precisa ser adaptada conforme o público em questão. Ela foi escrita para os compradores, por isso o verbo "compraria". No caso de fornecedores, por exemplo, você perguntaria se "faria uma parceria" com essa empresa. E assim por diante. Se todos os públicos rejeitarem o nome dado, repense. Se apenas um dos públicos rejeitar, reflita. Se nenhum deles rejeitar, ainda que não tenham gostado, acredite na metodologia.

E. FORMALIZAÇÃO: REGISTRO DE MARCA E DOMÍNIO

A parte jurídica é a mais chata? É. Mas é também uma das mais importantes. Registrar o nome e a marca é a única forma de protegê-la legalmente, seja de possíveis copiadores, seja da concorrência. Vale deixar registrado que a consulta à disponibilidade de marcas tanto no Instituto Nacional da Propriedade Industrial (INPI) quanto nos registros da internet deve ser feita ao longo de todo o processo de criação de nomes. Não adianta nada chegar a um nome perfeito para a sua marca e descobrir que ela já está registrada ou que o domínio já tem dono.

Por que você deve registrar a sua marca? O registro garante o direito de uso exclusivo no seu ramo de atividade econômica em todo o território nacional, por um período de dez anos, com possibilidade de ser prorrogado e estendido para mais 137 países (porque o Brasil é membro da Convenção da União de Paris, de 1883). Portanto, se você for bem-sucedido no seu negócio, estará seguro de que ninguém vai copiar o que você criou. O INPI é o órgão responsável por isso; ele analisa os pedidos de registro de acordo com a Lei de Propriedade Industrial.

Quanto ao processo, para que seu registro seja feito de forma adequada, o Sebrae tem a melhor orientação disponível. A seguir, há uma cartilha que eu preparei com base no conteúdo deles.

1. Consulte as marcas já registradas
Antes de pensar em sua marca e em seu registro, é importante fazer uma consulta ao sistema de busca de marcas do INPI. Nele, você vai descobrir se já existe alguma marca com o nome ou o desenho que pretende registrar. A prioridade para o registro é sempre da empresa que o solicitou primeiro, mesmo que o processo ainda não esteja concluído.

2. Defina o setor da sua marca
É importante que você saiba que uma mesma marca pode ser registrada para diferentes setores de atividade. É isso que permite, por exemplo, que existam um hotel, um cigarro e uma marca de eletrodomésticos com o mesmo nome.

3. Conheça e defina a apresentação da sua marca
Antes de dar entrada no pedido, você deve conhecer quais são os tipos de marca e em qual a sua se encaixa. Será apenas o nome comercial? Terá uma logomarca? É uma marca física (tridimensional)? Este é o momento de decidir definitivamente sua forma de apresentação.

4. Defina a natureza da sua marca
É importante conhecer e estabelecer a classificação da sua marca: se ela é de um produto, um serviço, uma marca coletiva ou de certificação.

5. Veja quais são as taxas
Para fazer o registro de uma marca, é necessário pagar pelo menos duas taxas: uma ao dar entrada no pedido e outra quando receber o registro. Se durante o processo for solicitada alguma outra ação, como a apresentação de documentos complementares, podem ser cobradas outras taxas.

6. Acompanhamento
São várias etapas e dura em média dois anos. O INPI pode solicitar mais informações ou documentos, e o pedido é levado a público para oposição (para ver se alguém se opõe ao registro da marca); os técnicos analisam e chega-se a uma conclusão: deferimento ou indeferimento. Você deve acompanhar o status do seu pedido, consultando-o pelo número na Revista de Propriedade Industrial (RPI), publicada semanalmente pelo INPI.

7. Exame formal
Depois de protocolado, o pedido será examinado pelo INPI. O órgão pode exigir documentação comprobatória ou outros documentos. É importante estar atento à RPI porque você tem apenas cinco dias para apresentar o que foi exigido. Com tudo correto, a entidade publica o pedido de registro da marca e abre um prazo de 60 dias para que terceiros se manifestem contra o pedido.

8. Prazo para oposições
Se houver manifestação, você tem 60 dias para contestá-la. Após esse período, o INPI faz um exame formal, podendo exigir documentação tanto da sua parte como da parte que apresentou a oposição, e decide pelo deferimento ou não do pedido.

9. Deferimento!
Se não houver manifestações de oposição, o INPI autoriza o registro da marca. Você tem 60 dias para pagar as taxas de proteção dos primeiros dez anos da marca. Se não pagar, o processo é arquivado.

Figura 7 — Cartilha de registro de marca[11]

---

11. Fonte: Sebrae. Disponível em: <https://sebrae.com.br/sites/PortalSebrae/artigos/como-registrar-uma-marca,6b0a634e2ca62410VgnVCM100000b272010aRCRD>. Acesso em: 21 jun. 2023.

Além do registro de marca, você precisa registrar o domínio. Num mundo totalmente digital, isso é muitas vezes tão importante quanto registrar a marca. Um domínio é um endereço que as pessoas utilizam para achar o seu site na internet. Quando você cria um site, você registra seu domínio para apontá-lo para um servidor, que é, basicamente, onde ele fica hospedado. Se não houvesse um domínio, os usuários teriam que utilizar o endereço IP, que é um número enorme. Inviável.

Todos os domínios são feitos de duas partes: o nome e as extensões. O nome do domínio certamente será o nome da sua empresa ou alguma variação dele. As extensões são as palavras que vêm depois do ponto, sendo a mais comum ".com". Existe uma grande variedade de extensões de domínios de nível superior (TLD) que indicam o país de origem (como ".br", ".pt" ou ".uk") ou que funcionam como códigos de setores específicos, como ".gov" para organizações governamentais e ".edu" para instituições educacionais.

Recentemente, a ICANN (Internet Corporation for Assigned Names and Numbers), que é a responsável por gerenciar a arquitetura global do sistema de nomes de domínio, reconheceu a necessidade de criar um novo tipo de domínio, que são extensões genéricas de domínios de nível superior, incluindo ".bike", ".clothing", ".guru" e ".ventures". São mais opções para vincular sua marca a algum universo.

CASE PIRILAMPA

Como já contei anteriormente neste livro, em 2023, eu e minha sócia, Raísa Anderson, lançamos a Pirilampa, marca de luminárias brasileiras. Para facilitar a memorização e criar um impacto estético e sonoro, tanto o domínio quanto o perfil do Instagram que registramos foi "pirilam.pa". O nome da empresa é a própria URL e o próprio perfil do Instagram, sem nenhum complemento antes ou depois. Para conseguir isso, tivemos que comprar um domínio do Panamá e gastar um valor consideravelmente maior do que outra URL qualquer. Valeu a pena.

Lembre-se de que o mais indicado é simplificar ao máximo seu domínio, inclusive para facilitar a memorização. Quanto maior, mais complexo, mais cheio de informação, mais difícil garantir que o usuário vai te encontrar. Obviamente, o Google nos ajuda a encontrar qualquer coisa, mas nem sempre a sua empresa vai estar bem posicionada. É preciso um trabalho amplo e consistente para que isso ocorra.

F. TRADUÇÃO VISUAL: RISCOS E PONTOS DE ATENÇÃO

Apesar de a identidade visual não ser o foco do nosso livro, considero pertinente fazer alguns comentários que ao menos contribuam para que o trabalho que foi realizado até aqui não tenha sido em vão. Muitos erros ocorrem no momento de traduzir o nome visualmente. A primeira coisa que você precisa garantir quanto à identidade visual da sua marca é que o seu nome possa ser lido. A segunda, certificar-se de que a leitura transmite o que você estava pretendendo. Vejamos dois exemplos rápidos que foram mal-sucedidos nessas duas etapas.

Geralmente, as edições das Olimpíadas têm logotipos bem interessantes. A de Londres 2012[12] é uma exceção. Não sei para vocês, mas para mim foi bastante difícil entender o que aquelas manchas ou estruturas rosa estavam tentando formar. No contexto específico daquele ano, talvez tenha sido mais fácil do que para quem o conhece pela primeira vez agora, anos depois. Mas, ainda assim, é uma forma no mínimo esquisita de traduzir o simples nome: London 2012.

---

12. London 2012 Summer Olympics. Disponível em: <https://olympics.com/en/olympic-games/london-2012>. Acesso em: 12 jun. 2023.

A Kids Exchange Consignment Event é uma feira de compra, venda e troca de brinquedos e itens infantis na Carolina do Norte, nos Estados Unidos. É uma ideia muito legal, relacionada a economia de rede, reciclagem, consciência ambiental, consumo consciente etc. O que não ficou tão legal assim foi a forma de escrever o nome no logotipo: KIDSEXCHANGE, usando letras de diferentes cores. Como se fosse um caça-palavras, podemos ler "kids", "sex", "chan", "exchange" e "change". Já sei: você deve estar se perguntando o que é "chan". É uma palavra japonesa, uma forma de tratamento utilizada quando há uma relação muito afetuosa entre duas pessoas. Enfim, essa nuvem de palavras que o logotipo malconcebido nos trouxe não é muito adequada, ainda mais para uma feira de famílias e crianças. Hoje em dia, o logo deles tem um espaço separando as palavras.[13]

    Por favor, não estrague tudo no final, não morra na praia. Participe do processo de criação da sua marca visual, faça críticas, não aceite a primeira versão, vire de ponta-cabeça, vire de lado, vire do avesso. A identidade visual precisa dar conta de apresentar o nome da sua empresa ao mundo de forma eficaz.

---

13. KX Consignment — The Triangle's Best & Largest Consignment Sale. Disponível em: <https://kxconsignment.com>. Acesso em: 12 jun. 2023.

5. O futuro do nome

TODAS AS ETAPAS QUE cumprimos para chegar ao nome da sua empresa ou validá-lo certamente produziram um conhecimento muito superior ao que um simples brainstorming faria. De certa forma, você foi introduzido ao branding. Não percorremos um processo de implementação e gestão de marca em todas as suas fases nem em toda a sua profundidade — quem sabe, esse pode ser o tema do meu próximo livro —, mas tivemos um panorama relevante e introdutório. Passamos por etapas fundamentais de marca que, em geral, os empreendedores desconhecem. E isso, por si só, já te coloca à frente dos demais.

Estabelecer as bases do seu negócio, aquilo que dá sustentação para todo o resto, é atividade primária. Mas, por não saberem fazer, muitos fundadores acabam pulando essa fase. Saber de onde você veio, quem é e para onde vai é fundamental para todo e qualquer negócio ser bem-sucedido. E saber sozinho não basta: é preciso compartilhar. Por isso, o conteúdo de marca é fundamental, porque tira da cabeça do fundador as ideias a que todos os públicos precisam ter acesso. Quem é confuso quanto a isso acaba por ser confuso quanto a todo o resto.

Agora que você já cumpriu essa jornada para dar o melhor nome possível para o seu negócio, vamos pensar sobre o futuro dele. Como eu disse no início deste livro, o significado dos nomes e as associações que são feitas a ele são o que realmente importa. Há nomes que não diziam nada (relevante para o setor) quando foram lançados e que agora valem bilhões: Apple, Google, Amazon. Há nomes que diziam pouco e agora dizem muito: IBM, 3M, Starbucks, Walt Disney. E há nomes que estão sendo criados neste momento e que valerão mais do que esses exemplos todos no futuro. Quem sabe não é o da sua marca? Sua missão agora é construir, ao longo do tempo, associações positivas ao seu nome. Toda experiência de marca constrói ou destrói valor de marca. Sempre. Lembre-se da sua essência, reflita esse conteúdo nas suas iniciativas de forma consistente. Seja rigoroso quanto a isso. Uma marca só se torna clara na cabeça dos seus públicos pela repetição e consistência. Conheça seu ecossistema, estreite relações com seus públicos, construa o seu nome junto a cada um deles.

Apesar de todo esse esforço, pode ser que um dia chegue a hora de mudar o nome da sua empresa. Como saber se essa hora chegou? O seu nome nasceu da sua essência. E você tentou, usando a SNP, ser fiel a ela e, ao mesmo tempo, prever as mudanças que podem ocorrer no futuro. O seu nome precisa de ajustes quando há uma incoerência interna ou externa. Ele deve ser modificado quando não representa mais a sua essência (interna), em razão de ela ter evoluído muito, ou quando está limitando sua visão de mundo, seu campo de atuação e sua capacidade empreendedora. Nossa metodologia é feita para que a chance de isso ocorrer seja mínima. Mas, ainda assim, é possível que ocorra. Se for o caso, refaça o processo e tenha coragem. Mudar de nome pode ser doloroso, mas é melhor do que deixar de explorar o mundo de possibilidades que está diante de você.

Como eu disse no começo deste livro, o nome, objeto da nossa jornada, não é a primeira nem a última coisa a se fazer. Tenho confiança de que você compreendeu as razões pelas quais eu afirmei isso e espero que saiba — melhor do que antes, pelo menos — o que fazer para cuidar do nome da sua empresa daqui para a frente.

Jamais se esqueça de que o nome concentra todas as associações de uma marca. O nome da sua empresa, assim espero, logo será uma palavra que sugere um mundo, um universo repleto de sons, imagens, símbolos, cores, significados, sentimentos. E o primeiro passo para construir esse universo você já deu: a escolha do nome. Parabéns e boa sorte.